I0486655

www.ingramcontent.com/pod-product-compliance
Lightning Source LLC
Chambersburg PA
CBHW071724170526
45165CB00005B/2144
*9781387620586*

كنت طالباً

فــي كليّة

# الفُنُوْنِ الجَمِيْلَةِ

إجابات مختصرة لأكثر أسئلة شيوعاً حول التخصص

أمجد محمد ممدوح بربور

MATIA

كنت طالباً في كليّة الفنون الجميلة

www.matia-press.com  -  matiapress@hotmail.com  -  0030 698 621 6170

**First Printing: October 2022**

This book is published by Matia Press, an independent, non-profit publisher of fiction and creative nonfiction.

Profits and royalties resulting from this book belong solely to the author. They are responsible for declaring them if necessary. Matia maintains a zero-profit policy.

كنت طالباً في كليّة الفنون الجميلة

المؤلف: أمجد محمد ممدوح بربور

الناشـــر: ماتيا برس

تاريخ النشر: تشرين الأول 2022

جميع الحقوق محفوظة للمؤلف

A PDF version of this book is downloadable for free at
**www.matia-press.com**

# إهداء إلى

روح والدي رحمه الله

أمي وإخوتي الطيبين

أستاذي الطيب المهندس بشير عرقسوسي

أساتذتي الأحبّة في الفنون الجميلة

ثائر.. بسيم..

ولكل طالب محب للفنون.

شكر كبير للصديق والأخ زاهر العجلاني

1. الجزء الأول: قبل أن تخوض رحلة الفنون الجميلة

2.الجزء الثاني: مبارك قبولك في كلية الفنون الجميلة

3. الجزء الثالث: مرحباً بك في عالم الفن الجميل

يعتبر الفن من أرق الأعمال الإنسانية التي كانت الوجه المشرق للأمم والحضارات المتعاقبة، وما زال الفن بكافّة أشكاله من أهم مظاهر القرن الحالي لارتباطه بالتقدم التكنولوجي. تحتل التربية المعرفية مكاناً هاماً في حقل التعليم الجامعي اليوم، ولكن من الواضح أنّ هذا الاهتمام لم يزاوج بين التربية المعرفية والفنون الجميلة بشكل يوضّح للطالب الراغب بدخول إحدى الاختصاصات الفنية من رسم ونحت وغيرها الطريق ويكون منارة له.

من هنا جاء اهتمام الفنّان أمجد بربور ورغبته في وضع دراسة تكون بمثابة دليل مفصّل للطالب الراغب في التسجيل في كلية الفنون الجميلة، وهي بمضمونها محاولة جادّة للتقريب بين التربية المعرفية والفنون الجميلة، وفق أسس البناء المعرفي والخبرات المتراكمة والتجارب السابقة والتي تعد الأساس الذي يؤطّر للطالب منهجاً تثقيفياً توعوياً جادّاً.

ينقسم الكتاب إلى ثلاثة أقسام أساسية؛ **القسم الأول** يأخذ الطالب لمجموعة من الأسئلة، والتي لا بد من طرحها والإجابة عليها قبل التقديم إلى الفنون الجميلة، من هنا تبدأ رحلة الاستقصاء عن الهدف والمواد التي ستُدرّس، بالإضافة إلى برامج الكمبيوتر التي لا بد للطالب أن يكتسبها أثناء المرحلة الدراسية.

**القسم الثاني** عبارة عن شرح للخطوات الأولى في الفنون الجميلة بعد القبول، وهي عبارة عن مجموعة أسئلة أخرى تساعد الطالب على التحضير لهذه المرحلة الجديدة، مروراً بجميع مراحل الحياة الجامعية، مع طرح أمثلة غنيّة

تساعد على زيادة الوعي لدى الطالب وتلهمه أثناء دراسته.

أما **القسم الثالث** فيتضمن مجموعة أسئلة حول التحضير لمرحلة ما بعد الدراسة، كإعادة النظر في الهدف من دراسة هذا الاختصاص، والدخول إلى عالم الفن والمشاريع الفنية وغيرها.

"كُنت طالباً في كلية الفنون الجميلة: إجابات مختصرة لأكثر أسئلة شيوعاً حول التخصص" للفنان أمجد بربور هو تجربة تستحق الثناء والنشر والقراءة. ليس لي أخيراً إلا أن أتقدم بالثناء العميم والتقدير الرفيع لهذا العمل الفريد والمتكامل، على الرغم من بساطته، فهو عمل يمثّل شخصية الكاتب من حيث شموليته وموسوعيته وتمكنه من تحريك خبراته في شتّى الاتجاهات الفنية والمعرفية خدمةً للغرض الذي من أجله قام بتأليف هذا الكتاب.

**هلا قصقص**

## عن الكاتب

أمجد بربور، فنان ومدرس لمادة تصميم الغرافيك لمدة تزيد عن 15 عاماً، مقيم في مدينة تورونتو، درس التصميم والسينما والتلفزيون في سورية والأردن، وتخصص في التصميم الغرافيكي ليكمل بعدها دراسته في كندا ويتخرج من Sheridan College. ساعد العديد من المنظمات والشركات والجمعيات على بناء هوياتهم البصرية، وهو الآن عضو في Association of Registered Graphic Designers في كندا. شارك في عدة معارض فنون بصرية، وقام بتقديم الإرشاد والتوجيه الأكاديمي والمهني لطلاب الفنون الجميلة وذلك من خلال العديد من المبادرات وورشات العمل. مدير الشؤون الإبداعية في ماتيا برس.

## المقدمـة

الفنون الجميلة هي واحدة من زوايا هذا الكون الواسع التي يميل إليها القلب، والتي تعكس ما فيه من حب وعاطفة وألم وذكريات وشغف ورغبة بالمعرفة من خلال صورة بصرية تخاطب عقل وفؤاد المتلقي لتنقله من حال إلى حال.

يخاطب هذا الكتاب بلغة بسيطة **محبي الفنون الجميلة وطلاب السنة الأولى في كلية الفنون بالإضافة إلى الخريجين الجدد**. كما أنه يتيح فرصة للأسر كي يطّلعوا عما تقدمه الكلية. إلّا أن هذا الكتاب لن يقوم بدور الواعظ من خلال تقديم نصائح معلبة (افعلْ ولا تفعل)، بل سيقدم نصائح وخبرات وتجارب هدفها توفير الوقت والمال والجهد وبعض الأذى النفسي. هذه النصائح ستساعد الطلاب على انتقاء الحلول الأفضل لما قد يمرّوا به من تجارب أكاديمية ومهنية خلال رحلتهم في الفنون.

الكثير من هذه النصائح جاءت نتاج تجارب صعبة. لذلك، ما أود عمله هو محاولة تجنيب الفنانين دخول هذه التجارب أو على الأقل لفت انتباههم إليها.

**هل أنت متحمس لإتمام القراءة؟**
**إذاً، أحضر كوباً من القهوة ودعنا نبدأ.**

**الرجاء يا صديقي عدم أخذ كل ما يرد في هذا الكتاب على أنه من المُسَلَّمَات التي لا يمكن الشك فيها.**

اقرأ، وقم من بعدها بالتدقيق. فلم أتطرق هنا إلى سرد الأفكار بطريقة تفصيلية حتى أترك لك باب الإبداع موارباً، كي تقوم بأخذ الكلمات المفتاحية والأفكار التي قد تلهمك من خلاله لتجري بعدها بحثك الخاص عن طريق الكتب والمختصين ومحركات البحث على الإنترنت.

### ⇠ الجزء 1: قبل أن تقرر خوض رحلة الفنون الجميلة

## ❯❯ ما هو هدفي؟

دراسة الفنون الجميلة هي رحلة الفنان الصغرى ضمن رحلة حياته الكبرى. تبدأ هذه الرحلة منذ أن يمسك قلم الرصاص لرسم الاسكتشات الخاصة به وتنتهي مع آخر خط يقوم القلم برسمه. دخول هذا العالم الجميل والفريد بتفاصيله سيتطلب من الفنان الاستعداد التام، فالفن سيكون جزءاً لا يتجزأ من حياته الأكاديمية والمهنية.

السؤال عن الهدف في الحياة ليس سؤالاً عبثياً. على العكس تماماً، إنه الأساس الذي يقوم عليه البنيان العلمي والفكري والأدبي والسلوكي والاجتماعي لأي إنسان. وهذا السؤال ستراه يتكرر يا صديقي الفنان مع بداية كل فصل في هذا الكتاب.

بعد أن نجيب على السؤال أعلاه نستطيع حينها الانتقال إلى السؤال الفرعي: ما هو هدفي من دراسة الفنون الجميلة؟ الإجابة على هذا السؤال ستسهل علينا التخطيط لما نريد تعلمه خلال رحلتنا الأكاديمية .

ولو قمنا بسؤال مجموعة من الطلاب عن سبب دخولهم كلية الفنون فسنسمع حينها إجاباتٍ مختلفة:

- أنا والفن كالسمك والماء. هو إحدى الملاجئ التي آوي إليها.
- مجموع علاماتي في الثانوية لم يؤهلني لدخول "كلية أفضل."
- الأمر الوحيد الذي أجيد فعله هو التصميم أو الرسم.

- أنا أريد شهادة جامعية فقط، ودراسة الفنون لا تحتاج إلى جهد.

- الفن هو الوسيلة التي أستطيع من خلالها التعبير عن ذاتي.

على الرغم من تنوع الأسباب، فقد لا نسمع أحداً من الطلاب يقول شيئاً ك:
"هذه هي رغبة عائلتي". فعادة ما يطمح الأهل لرؤية أولادهم ملتحقين
بكليات "أفضل". لهذا قمت بجمع وإدراج العديد من المعلومات حول هذه
الكلية الجميلة عسى أن يستطيع أهلنا الطيبين تكوين صورة أعمق عن
الدراسة في هذه الكلية.

---

**بدايةً، من الضروري أن نتذكر أن وضع هدف واضح ومحدد قبل دراسة
الفنون الجميلة سيكون لنا محفزاً رئيسياً لتجاوز الكثير من العقبات
والتحديات والتي قد نتعرض لها خلال رحلتنا الأكاديمية.**

---

## ◀◀ ماهي أفضل جامعة لدراسة الفنون؟

يعد هذا السؤال واحداً من الأسئلة الهامة التي تدور في أذهان الطلاب أو أولياء أمورهم.

في الواقع، إنّ تقييم الجامعات واعتماداتها قد يتغير منذ زمن إلى آخر. لذلك، يجب على الطالب إجراء بحثٍ معمّقٍ حول الجامعة التي يودّ الدراسة فيها. هنا سنطرح سيناريوين مختلفين. نتناول في السيناريو الأول، الدراسة في جامعة محلية، أما في الثاني، فسيكون عن سيناريو خاص بجامعة أجنبية (خارج مكان إقامتك). فالمفاضلة بين الجامعات لا تنحصر فقط بترتيب الجامعة على المستوى المحلي أو العالمي، بل الأمر يتعدى ذلك.

### ◂ السيناريو الأول (جامعة محلية):

تهانينا! لقد قررت أخيراً الالتحاق بالجامعة. هيا بنا نستعرض بعض الأفكار الهامة والتي قد تساعدك على اختيار الجامعة الأفضل لك.

1. حاول أن تحضر اليوم التعريفي الخاص بالجامعة Open House، فهذه فرصة جيدة للالتقاء والتعرف على الكادر التدريسي.

2. إن استطعت التواصل مع طلاب السنة الثانية أو الثالثة وحتى الرابعة للسؤال عن مناهج الكلية وأساليب التدريس فهذا سيكون أمرا جيداً. أرجوك لا تكتفِ بسؤال طالب أو اثنين بل قم بسؤال العديد من الطلاب. واستعن أيضاً بالمصادر والمعلومات الموثوقة والمتوفرة حول هذه الكلية.

3. يمكنك أيضاً أن تبحث حول اعتمادية الجامعة Accreditation في البلدان الأخرى في حال كنت تنوي إتمام دراستك خارج بلدك في المستقبل فبعض الجامعات في الدول الأجنبية قد لا تصادق على ما قمت بدراسته في بلدك الأم وقد تلزمك بإعادة دراسة مواد قمت قد درستها مسبقاً.

4. في حال كنت تنوي الدراسة والعمل معاً، قم بسؤال الجامعة حول توفر البرنامج المسائي (تقوم بعض الكليات بطرح برنامج مسائي خاص للطلاب العاملين).

5. إجراء بحث بسيط عن السير الذاتية الخاصة بالمدرسين الجامعيين قد يكون أمراً مساعداً أيضاً.

**✎السيناريو الثاني (جامعة أجنبية):**

هذا الخيار يتطلب منا جهداً أكبر. بالإضافة إلى النقاط الخمس السابقة، هنا يتوجب على الطالب إجراء بحث مكثف عن الجامعة. فهيا بنا نستكشف بعضاً من الأمور الهامة والتي يجب أن تؤخذ بعين الاعتبار.

1. قم بالسؤال عن Virtual Open House فبعض الجامعات تتيح هذه الفرصة، حيث يمكنك التعرف على الجامعة من خلالها عن بعد.

2. قم بالبحث الموسع من خلال الإنترنت وصفحات التواصل الاجتماعي على معلومات تخص الجامعة التي تطمح إلى الدراسة فيها. وتحرّ الدقة خلال بحثك.

3. قم بالتواصل مع الـ Student Advisor الذي ستصلك به الجامعة. هذا المرشد سيقوم بنصحك بأمانة في غالب الأمر وتزويدك بالمعلومات التي تحتاجها. فمهمته هي إرشادك حتى تصل إلى هدفك.

4. لا تتردد بالتواصل مع أصدقائك الذين يقيمون في نفس البلد الذي تقع فيه الجامعة، فقد يكون لديهم معلومات هامة، ولكن لا تعتمد عليهم بشكل كلي.

5. اسأل عن عدد ساعات العمل المتاحة لك كطالب مقيم في البلد الأجنبي.

6. حاول أن تتعرف على ثقافة المدينة (فالبلد التي ترحب بتعدد الثقافات والتنوع مختلفة عن البلد التي تتبنى خطاب الكراهية ضد الأجانب).

7. قم بإجراء حساباتك المالية بشكل دقيق فقد لا تستطيع العمل مباشرة فور وصولك إلى وجهتك.

8. يمكنك الآن ترك الكتاب والقيام بتحضير قهوتك اللذيذة لتقوم بعدها بعملية بحث عميق عن مصطلحين هامين ألا وهما الصدمة الثقافية Culture shock والحنين إلى الوطن Homesickness. **فمن الضروري أن تكون على معرفة تامة بهذين المفهومين، حيث إنك قد تمر بتجارب عديدة تحت مظلتيهما في غربتك.**

## «ما هي عدد سنوات الدراسة الجامعية في تخصص الغرافيك؟

تتنوع عدد سنوات الدراسة الجامعية في هذا التخصص بين سنة واحدة وأربع سنوات. فهي تختلف باختلاف البرامج الأكاديمية في كل جامعة. أما الجواب عن السؤال الهام والمتمثل بـ "ما هو البرنامج المناسب لي؟" فإن الجواب يحدده شغفك وهدفك من دراسة تصميم الغرافيك. ففي حال كنت تنوي أن تكمل في طريق الدراسات العليا من ماجستير ودكتوراه، فبرامج البكالوريوس هي خيارك الأول ويمكنك أيضاً دراسة برامج الدبلوم في سنتين لتكمل بعدها إجراء عملية "تجسير" وهي إكمال دراستك في برنامج بكالوريوس. غالباً ما تدخل البرنامج في سنته الثالثة وذلك بعد إجراء عملية معادلة المواد.

يقوم بعض الطلاب (وخاصة ممن يعملون ويدرسون بآن معاً) بدراسة برنامج الدبلوم حيث إنه أقل تكلفة، ليكملون بعدها البكالوريوس إن كان لهم رغبة بذلك. نطرح الآن سؤالاً آخر: "ما هو الفرق بين برنامج السنة والأربع سنوات؟" غالباً، ما تركز برامج السنة والسنتين على المواد العملية التي تطرقنا لشرحها سابقاً، حيث إنها مخصصة لإعداد الطالب للانطلاق إلى سوق العمل بوقت قصير. أما برامج السنوات الأربعة فهي تجمع ما بين الجانب العملي والنظري.

نذكر أيضاً أن العديد من الشركات العالمية الكبرى تتجه نحو توظيف المصممين ومطوري الويب على سبيل المثال دون أي ذكر لشرط التحصيل الأكاديمي العالي. فالخبرة كافية بحسب وجهة نظرهم. وهذه ليست دعوة لإهمال التحصيل العلمي بل لإلقاء الضوء على متطلبات سوق العمل.

## « ما هي المواد التي سأقوم بدراستها في كلية الفنون الجميلة؟

اتصل بي صديقي ذات يوم، وأخبرني أنّه يريد أن يقوم بتغيير تخصصه وكليته والانتقال من الفنون الجميلة إلى كلية إدارة الأعمال. وعندما سألته عن السبب، أخبرني أنه كان يعتقد أن دراسة الفنون هي أمرٌ بسيطٌ -خاصة أنّ أغلب الكليات تطلب معدلاً لا يزيد عن 50% في الشهادة الثانوية- لكنه تفاجأ أنها تتطلب جهداً كبيراً وسهرَ ليالٍ ومتابعة مشاريع فنية كبيرة. فكل ما كان يتوقع صديقي دراسته هو برنامج الفوتوشوب.

**إن إحدى الأساطير المنتشرة عن كلية الفنون الجميلة هي أنها عبارة عن مدرسة تقدم مجموعة من المواد البسيطة من رسم وتلوين وفوتوشوب بحسب ما يقوم البعض بتوصيف موادها.**

إن الواقع مغاير تماماً، فمواد كلية الفنون الجميلة غنية وتتنوع ما بين جوانب نظرية كعلم الجمال وتاريخ الفن وجوانب هندسية كالمنظور وجوانب تقنية أخرى تتناول برامج التصميم. في الجدول التالي سنعرض بعضاً من المواد التي يتم تدريسها في الكلية ضمن تخصص تصميم الغرافيك.

## علم الجمال:

يتحدث عن أثر الفلسفة في الفن ودوافع وأهداف الفن والنقد الفني، بالإضافة إلى نظريات علم الفن.

## تاريخ الفن:

يتناول دراسة أفكار الفنانين ومذاهب المدارس الفنية عبر العصور التاريخية بدءاً من العصر الحجري لغاية الوقت الحاضر.

## تاريخ تصميم الغرافيك :

يقدم لنا مسحاً زمنياً لتطور عملية التصميم خلال التاريخ، خصوصاً من القرن الرابع عشر وحتى القرن التاسع عشر، ويتحدث بإسهاب عن اختراع الطابعة والذي كان بمثابة ثورة في عالم الفنون.

## الرسم الهندسي:

يتناول مواضيع هندسية أساسية مثل رسم الكرة والاسطوانة والموشور ليأتي بعدها المنظور ومن ثم رسم مساقط هندسية بسيطة ويطرح أيضاً موضوع النُّسَبْ.

## التشريح الفني:

هذه المادة تتناول دراسة أعضاء جسم الإنسان من خلال الرسم، بالإضافة إلى النسبة والتناسب.

## الرسم الحر :

تختلف مواضيع الرسم الحر بحسب كل كلية، فبعض الكليات تتناول موضوع رسم البورتريه أو اليد فقط، وبعضها يتناول تشريح ورسم جسد الإنسان بالكامل وبعضها يتطرق إلى رسم أجسام الحيوانات.

## التصميم ثنائي الأبعاد:

يجمع بين الجانب النظري والتطبيق بحيث يدرس الطالب من خلاله عناصر ومبادئ تصميم الغرافيك، علاوةً عن تطبيق هذه المبادئ من خلال البرامج الرقمية بحيث يقوم من خلالها بتنفيذ العديد من تصاميم المطبوعات ومواقع الإنترنت وتطبيقات الموبايل.

## التصميم ثلاثي الأبعاد:

يتطرق هذا النوع من التصاميم إلى دراسة الأشكال الموجودة حولنا بشكل ثلاثي الأبعاد، إما بشكل حرفي مهني (يدوي) أو رقمي، وقد يكون التصميم منحصراً بالأشكال الهندسية البسيطة أو تصميم الدمى والأجسام المتحركة كالإنسان أو الحيوان.

## نظرية اللون:

تختص مواد نظرية اللون بدراسة خصائص الألوان الرئيسية والضوئية والطباعية من مزج وتنسيق. كما أنها تركز على إضاءة وإشباع وصبغة الألوان، وكيفية تطبيق هذه الألوان واستخدامها بشكلٍ متناسقٍ في التصاميم والرسومات. كما تتطرق أيضاً إلى دراسة الأثر النفسي "السايكولوجي" للألوان على النفس البشرية.

✎ من المفيد أن نتذكر أن لكل كلية مِنهاجُها المختلف. فقد تختلف أسماء المواد أو تتشابه ولكن باختلاف المضمون. دعونا نأخذ مادة التصميم ثلاثي الأبعاد كمثال: قد يتم تدريس هذه المادة في أحد الكُليّات عن طريق التركيز على الجانب الرقمي كتصميم أشكال هندسية بسيطة باستخدام برمجيات التصميم، وقد تجد أن هذه المادة تقتصر على صناعة المجسمات ثلاثية الأبعاد بشكل مهني بعيداً عن استخدام الحاسوب.

**فالخطوة الأولى لنا هي التواصل مع الجامعة التي نود الدراسة فيها والسؤال عن الخطة التدريسية وتفصيل المواد التي يتم تدريسها.**

كما ينصح بسؤال الطلاب أو أساتذة الجامعة عن طبيعة المواد. والأفضل هو زيارة الجامعة التي ترغب بالالتحاق بها في اليوم التعريفي Open House الذي يتم فيه الشرح عن الكليات بكافة اختصاصاتها.

## « هل سأتعلم الفنون فقط؟

يكثر هذا السؤال لدى الطلاب الراغبين بالالتحاق بالكلية. فبعضٌ منهم قد يتخيل تصوراً ما عن الفنون بناء على ما سمعه من بعض الأشخاص، فيظن أن مواد الكلية هي عبارة عن مواد "رسم وتلوين وفوتوشوب."

إن رحلة الطالب في دراسة الفنون الجميلة تمكنه من الاطّلاع ودراسة مواد متعددة، حينها سيكون على درجة جيدة بمعرفة التاريخ والمنظور وبعض مبادئ الهندسة وبرامج التصميم التقنية ومهارات التواصل والنقد والتحليل. كما تقوم بعض الكليات بتدريس مواد إدارة أعمال وتسويق خاصة بالفن لتمكين الخريج من إدارة مشروعه الفني.

## >> ما هي البرامج التي سأدرسها في تخصص تصميم الغرافيك؟

فوتوشوب! هذه هي الكلمة الأولى التي قد تخطر ببال أحدنا لو سُئِلنا عن المواد العملية التي يتم تدريسها في تخصص الغرافيك. لكن في حقيقة الأمر إن برنامج الفوتوشوب هو واحد من عدة برامج يتم تدريسها في الكلية. و سنستعرض الآن بعضاً منها.

ننوه هنا أيضّا أن المواد قد تختلف من كليّة إلى أخرى.

### Photoshop

يقوم برنامج الفوتوشوب بمعالجة الصور الرقمية الملتقطة بواسطة الكاميرا وترميمها وتصحيح ألوانها وإزالة عيوبها التقنية وبعض العيوب الفنّية. كما أنّه يُستخدم في بعض الكليات أحياناً لتصميم مواقع الإنترنت. علماً أنّ أغلب المواقع لم تعد مصممة من خلال الفوتوشوب.

### Illustrator

يقوم الطالب من خلال برنامج إليستراتور بتصميم الشعارات والمطبوعات ورسم الشخصيات والخلفيات الكرتونية.

### InDesign

من خلال برنامج إن ديزاين يقوم الطالب بتعلم تصميم الصحف والمجلات والتقارير السنوية.

## Premiere

يختص هذا البرنامج بالمونتاج اللا الخطي (أي من خلال جهاز الكومبيوتر)، حيث يمكن من خلاله تحرير مقاطع الفيديو وصناعة الأفلام.

## After Effects

هذا البرنامج الموسع يتيح لنا صناعة فيديوهات كرتون وموشن غرافيك (تحريك العناصر البصرية كتحريك الشعار أو تحريك الشخصيات الكرتونية)، بالإضافة إلى صناعة بعض المؤثرات البصرية والخدع السينمائية. لكن بشكل عام، تقوم غالبية الكليات بتدريس الموشن غرافيك بشكل رئيسي والأنيميشن في بعض الأحيان فهي تختلف بحسب التخصص.

## Autocad

برنامج الرسم الهندسي هذا يتيح رسم المساقط الهندسية أو الزخارف، وقد تتطرق بعض الكليات إلى شرح ميزات صناعة المجسمات ثلاثية الأبعاد من خلاله.

## 3ds max

يتم من خلال هذا البرنامج تعليم الطلاب كيفية صناعة المجسمات الهندسية ثلاثية الأبعاد.

✎ تذكر يا صديقي أن الفصل بين حُبِّكَ لمادة دراسية ما وسلوك مُدَرِّسُها قد يكون أمراً ضرورياً في بعض الأحيان. فأستاذ شغوفٌ واحد يكفي لإضاءة شعلة المعرفة والشغف ويمكّن الطّالب من تعلم أمورٍ معقدةً. على الطرف المقابل، قد تجد مدرساً آخراً يجعل المادة نفسها صعبة أو مستحيلة الفهم، فتراه يشرحها كما يفهمها هو لا كما يجب أن يتم تلقينها. في مثل هذه الحالات، يشعر الطالب أن المشكلة في إدراكه وأن قدراته العقلية لا تسمح له بفهم هذه "الشيفرات."

أرجوك لا تبتئس. ففي حال التقيت مع أحد هؤلاء المدرسين، قُم بالتواصل مع مختصٍ آخرٍ قادرٍ على توصيل المعلومة بشكل صحيح. وتذكر أن المشكلة لا تكمن فيك. في كثير من الأحيان تجد أن أصل المشكلة هو أسلوب التدريس.

**بعض المدرسين قد لا يدركون أن لكل أحد منا طريقته المميزة بتلقي المعلومة والتي تختلف من طالب إلى آخر.**

## ‹‹ هل سأتطرق إلى الفن العاري Life Drawing خلال دراستي؟

هذا السؤال هو واحد من أهم الأسئلة الذي يدور في أذهان الطلاب الراغبين بدراسة الفنون الجميلة. فقد تجد عند بعضٍ من الطلاب تحفظّات تجاه الفن العاري، إما لالتزام ديني أو لانتماء لثقافة، وقد يُصبغ أحدهم بصبغة خجل حميد يمنعه من دراسة هذا النوع من الفنون.

الإجابة عن هذا السؤال لا تنحصر بكلمة نعم أو لا، ولكن بعض التفصيل قد يفيد بتشكيل صورة جيدة عن الأمر. وأود التنويه هنا أنني لا أناقش رأي الشرع الحنيف في هذا الفن (أو أي مسألة ذات بُعدٍ أخلاقي). فمحور هذا الكتاب هو مناقشة ما قد يتعرض له الطالب خلال دراسته.

وكما أشرنا قبلاً، إن طرائق التدريس ومواد الفنون الجميلة تختلف باختلاف الكليات. فقد يتعرض الطالب للفن العاري في مواد الرسم الحر Life Drawing، حيث يقوم الموديل العاري بالوقوف في منتصف الستوديو حتى يقوم الطلاب برسمه ضمن وضعيات مختلفة. تتناول كل كلية هذا الموضوع الحساس بشكل مختلف عن الأخرى حيث تجد أن مواد الرسم الحر في بعض الكليات تقتصر على رسم المواد العضوية من نبات وحيوان وبورتريه. أما فيما يخص قسم التشريح الفني، فإنه يقتصر على وضع صور توضيحية للإنسان المتجرد في الكتب. قد تقوم بعض الكليّات بتغشية Blur الأعضاء الخاصة في جسم الإنسان. ودعونا نتذكر أنّ العرف له الأثر الكبير في طريقة طرح المعلومة، ونحن هنا نتحدث عن أغلب الكليات في العالم العربي والإسلامي.

أما في الغرب، نجد تعاملاً مختلفاً مع هذه المادة، فالرسم الحر هو مادة رئيسية في الفنون الجميلة، والرسم الحر للموديل العاري في الاستوديو هو عبارة عن 80 إلى 90% من مجموع المحاضرات في المادة. مع ذلك، فإن الجامعة تقوم بمشاركة توضيح على موقعها الإلكتروني أو البروشور الخاص ببرنامج الفنون الذي تقوم بتوزيعه بحيث يتضمن معلومات مفادها أن طلاب هذا البرنامج سيقومون برسم الموديل العاري ضمن مادة الرسم الحر.

وقد يتساءل أحد الطلاب المقيمين في الغرب أو الذين يودون إتمام دراستهم هناك عن إمكانية تجاوز هذه المادة. للإجابة شقين: الشق الأول هو التواصل مع الجامعة التي يود الطالب الدراسة فيها وسؤالهم فيما إذا كان الفن العاري جزءاً من الخطة الدراسية. أما الشق الآخر فهو يكمن في دراسة المواد (الكورسات) الخاصة بالبرنامج مع التأكيد على عدم التسجيل على مادة الرسم الحر حيث يمكن ذلك في نظام الساعات. بعدها، يمكن للطالب تسجيل مادة مكافئة للرسم الحر (لا تتضمن الرسم العاري) في جامعة أخرى إضافية والحصول على الساعات (الكريديت) ومن ثُمَّ نقلها Transfer إلى جامعته الأصلية من أجل معادلتها. لكن قبل اتخاذ تلك الخطوة يجب التواصل مع الجامعة الرئيسية لمعرفة إمكانية فعل هذا الأمر.

## ›› هل التعلم الذاتي يغني عن دراسة التصميم في الجامعة؟

طلب العلم والفن لا ينحصر في أروقة كليات الفنون الجميلة. فإن تعثر بعض الشبان والشابات بالالتحاق بالجامعة لأسباب خاصة. حينها يمكن الاطلاع على نظريات الفن وأحوال مدارسه من خلال الموارد كالكتب والدورات المجانية المتوفرة على الإنترنت. كما يمكن للشاب أو الفتاة دراسة برامج التصميم والإبداع بشكل فردي .

من ناحية مهنية، تركز غالبية الشركات بشكل أساسي على البورتفوليو الخاص بالمصمم وقد لا تُعِرْ اهتماماً لشهاداته العلمية. فتراهم يبحثون عن المصمم الذي يستطيع تحويل أفكارهم إلى لغة بصرية قادرة على التواصل مع الفئة المستهدفة الخاصة بالشركة.

ولا أبالغ إذا قلت أنّ العديد من المصممين المبدعين قد تعلموا فنون التصميم بشكل فردي خارج أروقة كلية الفنون الجميلة. وقد تجد أن كثيراً منهم تخرجوا من كليات الأدب الإنجليزي أو المعلوماتية وغيرها. لكنهم اهتموا بدراسة الفن بكل تفاصيله من ناحية عملية ونظرية.

بالرجوع إلى سؤالنا الرئيسي (ما هو هدفك؟) والذي تنطوي تحته جميع التفاصيل الأخرى، فإن الحكمة تعطيك جواباً شافياً عما إذا كانت الدراسة والالتزام في الجامعة لسنة أو أكثر ستكون في صالحك أم لا. ولنتذكر أنّ الطموح الأكاديمي والشهادات العليا يتطلبان همة عالية تساعدك في قضاء سنين عديدة في الجامعة في طلب العلم، وسنين طويلة في متابعة العلوم والقراءات في الفن بعد التخرج.

## «« هل من الجيد أن أجمع بين تخصصين؟

أخبرني صديقي ذات يوم بأنه يرغب بالحصول على شهادة جامعية في تصميم الغرافيك. بعدها بيومين، اتصل بي مرة أخرى ليخبرني بأنه يود دراسة فرع آخر غير تصميم الغرافيك، حيث أنه أساساً يمتلك مهارات التصميم، فهو يفكر الآن بدراسة تصميم الديكور حتى يقوم بالجمع بين تخصصين مختلفين على أمل أن تكون فرص التوظيف في المستقبل متاحة بشكل موسع له، فهل هذا أمر جيد؟

يرد هذا السؤال على ألسنة الكثير من الطلاب الراغبين بالدمج بين عدة تخصصات بغية العثور على خيارات وظيفية أوسع. الجواب على هذا الطرح عادةً: "لا يوجد جوابٌ مثالي." لكن غالباً ما يكون من الأفضل دراسة الفرع الذي تمتلك خبراته أو الذي تشعر أنك تستطيع من خلاله تحقيق أهدافك وطموحاتك. فالدراسة من أجل الحصول على شهادة جامعية فقط تُصَعِّبُ الأمر على الطالب وتجعل طريقه الأكاديمي وعراً. أما حين يكون الشغف هو المحرك الرئيسي لخيار الطالب، تكون حينها رحلته الأكاديمية ممتعةً.

دعونا نعود الآن إلى فكرة الجمع بين تخصصين، إن أردت ذلك يا صديقي، فحاول أن تجمع تخصصين تستطيع الاستفادة منهما بنفس الوقت، كأن تدرس برمجة صفحات الويب والتصميم أو أن تجمع بين دراسة التصميم والمونتاج أو الموشن غرافيك "التحريك ثنائي الأبعاد". أما قضية الجمع بين تصميم الديكور والغرافيك فغالباً ما تصل إلى مرحلة تتطلب التركيز على تخصص دون غيره وذلك تماشياً مع متطلبات سوق العمل.

رأيي المتواضع هو أن تدرس الفرع الذي تمتلك أدواته أو بعضاً منها، فإذا تعلمت سابقاً تصميم الغرافيك عن طريق الدراسة الذاتية، فرحلتك الأكاديمية في التصميم ستكون داعمة لسيرتك الذاتية وذائقتك الفنية. حيث إنك ستقوم بإضافة المعلومات النظرية والتاريخية والجمالية إلى ما تمتلكه من مهارات تقنية.

## ◂◂ ما هو المسمى الوظيفي الذي سأحصل عليه عند تخرجي؟

"هل تريد أن تكون نهايتك مدرساً للرسم؟" قد يكون هذا السؤال المطروح هو بداية حديث بعض الأشخاص أو الأقرباء عندما يقوم أحد الشبان بإخبارهم عن رغبته بالالتحاق بكلية الفنون الجميلة.

قد يتخيل إلى البعض أن دراسة الفنون الجميلة هو أمر مشابه لحصة الفنون التّشكيلية التي كان يتم استبدالها في مرحلة التعليم الابتدائي بحصص العلوم والرياضيات لتعويض التقصير في المادة، أو التي كان يستغلها الطلاب لحل وظائفهم.

دراسة الفنون بشكل عام وتصميم الغرافيك بشكل خاص له أفقٌ واسعة، فهو خط الهجوم الأول في عملية بناء مواقع الإنترنت وتطبيقات الموبايل وصناعة جميع العناصر البصرية الرقمية الجميلة سواء كانت في الإعلانات أو المطبوعات وغيرها. مصمم الغرافيك أو الديجيتال ليس حبيسَ "المطبعة الصغيرة"، بل هو شخص يقوم بتحويل الأفكار القيمة التي تجول في خاطرنا ليقدمها من خلال عمل بصري نفيس يخاطب الوجدان والعقل ويوصل رسالةً للجمهور المستهدف. أما المسمّيات، فهي تتنوع على سبيل المثال لا الحصر:

---

*Graphic Designer ،Multimedia Designer ،UI Designer ،*
*UX Designer ،Art Director ،Creative Director.*

---

ننوه هنا أن جميع هذه المسميات قد تختلف بحسب التوصيف الوظيفي لكل شركة.

⤶ الجزء 2: مبارك قبولك في كلية الفنون الجميلة

≫≫ هل أنا مستعد ليومي الأول في كلية الفنون الجميلة؟

تقف مندهشاً وأنت تنظر إلى المباني المحيطة بك. أعمال الطلاب تزين زوايا المكان. رائحة القهوة تفوح من الكافتيريا. ترى طلابَ السنة الثالثة والرابعة يحملون عدة الرسم وينطلقون مسرعين للالتحاق بمحاضراتهم. إنه اليوم الأول لك في كلية الفنون الجميلة.

قبل أن نبدأ حكايتنا في الفصل الثاني من الكتاب، تذكر يا صديقي ما طرحناه سوية ببداية الفصل السابق حول "تذكر الهدف".

---

**إن استحضار هدفك من الدراسة خلال السنة الأولى وأنت جزءاً من عائلة الفنون الجميلة سيرشدك خلال رحلتك وسيجنبك الكثير من خوض سجالات قد تشغلك عن هدفك.**

---

## » ما هو إعلان "نبحث عن حديث تخرج ولديه خبرة سنتين"؟

هل أنت ممن يحبون الاستماع للأسرار الصغيرة؟ إذاً سأخبرك الآن سراً صغيراً يا صديقي. بعد تخرجك من الكلية وخلال رحلة بحثك عن العمل قد تتفاجأ برؤية إعلان شركةٍ تطلب مصممين حديثي التخرج ولديهم سنة أو سنتي خبرة في مجال التصميم. غالباً ما يُحبط الطلاب عند رؤية هذا النوع من الإعلانات، فكيف لهم الجمع بين حداثة التخرج وخبرة السنة أو السنتين في آنٍ واحد؟

إحدى الحلول البسيطة هي أن تقوم ببناء سنوات الخبرة منذ السنة الدراسية الثانية أو الثالثة، وذلك من خلال تطوعك كمصمم مع إحدى الجمعيات الخيرية أو المبادرات التطوعية أو المنظمات غير الحكومية. تستطيع عبر بحث بسيط العثور على العديد من الجمعيات المحلية أو قد تجد أيضاً فرصاً للتطوع ضمن اختصاص التصميم في العديد من الجمعيات الخيرية في أوروبا أو كندا (عن بعد).

وأيضاً يمكنك التواصل مع مصممين محترفين أو استوديوهات تصميم أو شركات طباعة وطلب العمل معهم كمتدرب فقط. فترة التدريب هذه قد تكون مأجورة أو غير مأجورة، وقد تتحول لاحقاً إلى فرصة عمل بدوام جزئي مما يساعدك على تغطية تكاليف الدراسة. وهذا مرتبط بحسب حاجة المكان لتوظيف مصممين جدد وبحسب ما يثبته الطالب المتدرب من كفاءة. هذه الخطة تستطيع مساعدتك لأن تكون حديث التخرج وصاحب خبرة سنتين في مجال عملك في وقت واحد.

## ‹‹ هل التدريب أولى لي أم الاهتمام بدراستي؟

قد يقع بعض الطلاب في حيرة من أمرهم إزاء اختيار الأفضل لهم خلال رحلتهم الأكاديمية، فتراهم في حيرة من أمرهم ما بين اختيار التدريب والعمل خلال الدراسة أو الاهتمام بالدراسة فقط دون التطرق إلى العمل أبداً .

كالعادة يا أصدقائي لا يوجد هناك جوابٌ سحريٌ، فسنّة الاختلاف قد تتطلب أحياناً إعطاء رأي أو نصيحة بشكل منفرد لكل طالب أو طالبة على حدة، ولكن سنقوم هنا بطرح بعض الأفكار والتي قد تكون مفاتيح تساعد الطالب على اكتشاف طريقه.

يستطيع بعض الطلاب الجمع بين الدراسة والتطوع أو العمل فتراهم يتفننون في إدارة الوقت ما بين البناء المهني والأكاديمي، أما نظرائهم فتراهم يفضلون أن ينصب تركيزهم على إنهاء مهمة واحدة (وهنا نتكلم عن الدراسة) ليكونوا مستعدين بعدها للانطلاق في سوق العمل والبناء المهني.

إدارة الوقت هي من المهارات المكتسبة،
وتعلمها يساعد على تحقيق النتائج المرجوة.

## ﴿﴾ ما هي فوائد التدريب أو العمل أو التطوع خلال دراستي؟

✔ بناء شبكة علاقات عامة في الوسط المهني.

✔ التعرف على متطلبات سوق العمل ومعرفة برامج التصميم الواجب احترافها.

✔ الحصول على دخل مادي ولو كان بسيطاً ولكنه يفيد في تغطية بعض نفقات الدراسة وخاصة أن دراسة الفنون تحتاج إلى مصاريف كبيرة لشراء الألوان أو طباعة المشاريع.

✔ بناء بورتفوليو يتضمن مشاريع تصميم فعلية غير المشاريع المدرسية أو الجامعية التي تم تنفيذها خلال الدراسة، حيث إن إحدى نقاط التفاضل في قوة البورتفوليو هي نوع المشاريع المدرجة فيه.

✔ إحدى فوائد التدرب في الشركات أو مكاتب التصميم الصغيرة هي أن صاحب العمل سيقوم بمشاركة العديد من المعلومات التقنية معك بسبب أن عدد الموظفين قليل، فيمكنه التركيز معك بشكل كبير. أما في الشركات الكبيرة حيث يكون الجو العام متسارع ولا وقت للموظفين فيه لمشاركة العديد من المعلومات والخبرات.

✔ نيل الخبرة خلال الدراسة سيساعد على دخول سوق العمل بثقة وعلى الحصول على دخل مادي أفضل، بسبب تحقيقك لشرط الخبرة المهنية فور تخرجك.

## » هل أنا جاهز للتحدي؟

في أول يوم في أيام دراستي في كلية الفنون الجميلة جاء إلينا مدرس مادة الرسم الحر الأستاذ بيتر باليرمو وأخبرنا بجملة ما زالت ترافقني حتى بعد تخرجي، إذ قال: **"بعضكم قد جاء من خلفية فنية ولديه مهارات الرسم والتصميم منذ كان طفلاً صغيراً، والبعض الآخر سيكون ممسكاً لقلم الفحم والألوان للمرة الأولى في حياته. أرجوكم لا تقارنوا أنفسكم بغيركم، فلكلٍّ قصته وتحدياته الخاصة التي لا يشترك بها مع غيره".**

هذه الكلمات ساعدتني للتخلص من أسطورة "انظر لإنجازات ابن خالتك"، وجعلتني أدرك أن المقارنة الحقيقية التي يجب أن أجريها هي مقارنتي مع نفسي، بمعنى أن أقارن ما أنا عليه الآن بما كنت عليه من قبل من ناحية المهارات التقنية والذائقة الفنية والثراء المعلوماتي. أما إضاعة وقتي بالتركيز في أسلوب وحياة ونجاحات الآخرين سيشكل عبئاً علي وسيقوم باستهلاك طاقتي.

إن إشغال النفس بما لا ينفعها من مقارنات لا جدوى منها قد يؤثر على الأمر السامي الذي طرحناه في بداية هذا الكتاب (الهدف)، ولعل هذه الجملة هي واحدة من أهم قواعد الطريق في رحلتنا الصغرى في الفن ورحلتنا الكبرى في هذه الحياة ألا وهي "ملتفت لا يصل".

عدم المقارنة لا يعني بأن نقتل شغفنا وأن نبطل عمل الإلهام فينا فالتواصل مع الناس وخاصة المبدعين والناجحين في تخصصهم الفني قد يفتح نوافذ في قلوبنا يتسلل إليها ضوء الحكمة والمعرفة.

المغزى هنا ألا ننظر إلى ما في أيدي الفنانين من نجاحات فنية مهنية وجوائز ومَعَارِضْ وفرص عمل وأحوال مادية ومنزلة اجتماعية وشهرة وإلى أعداد المعجبين والمتابعين. فتلك النظرة كفيلة بأن تُذهب بالرضا الذي وُهِبنا إياه ليحُل محله الغضب.

إن واحدة من سنن هذا الكون هي سنَّة الاختلاف وهذه السنة لا يمكن تجاوزها أو إبطالها ضمن هذا النظام الكوني البديع، فبعضنا قادر على تعلم برنامج ما خلال أسبوع واحد، وأحدنا الآخر قادر على تعلمه بشهر. المقدمة السابقة لا تفيد بأن سريع التعلم هو أفضل ممن يحتاج وقتاً أطول لتعلم ذات المعلومة. فالقدرات العقلية والعوامل النفسية والاجتماعية والمادية كلها لها تأثيرات في الأعمال الفنية التي نقوم بإنجازها.

## ‹‹ ماهي الأسئلة التي قد يكون من الجيد طرحها بين فترة وأخرى؟

- ✓ هل أنا متذكر لهدفي؟
- ✓ هل قمت مؤخراً بزيارة معرض فني؟
- ✓ هل شاهدت أفلاماً وثائقية عن الفنون البصرية؟
- ✓ هل تلقيت نقداً فنيّاً على البورتفوليو الخاص بي من قبل مختص؟
- ✓ هل تعلمت برنامجا جديداً يتطلبه سوق العمل أو يزيد من مهاراتي؟
- ✓ هل قرأت مقالة عن الفنون؟
- ✓ هل تعلمت مصطلحات فنية جديدة بلغات كالإنجليزية أو الفرنسية؟
- ✓ هل اطّلعت على أعمال فنان جديد؟
- ✓ هل قمت بالتسجيل بدورة مجانية (أونلاين) كي أكتسب شهادة؟
- ✓ هل شاركت بمسابقة للفنون البصرية؟
- ✓ هل شاركت بمعرض لفنون الغرافيك؟
- ✓ هل قمت بنقد ذاتي لأعمالي القديمة؟
- ✓ هل قارنت أعمالي الفنية القديمة بأعمالي التي أنجزتها مؤخراً؟
- ✓ هل هذا ما أريد الاستمرار به؟
- ✓ هل أنا ممن يساعد مَن حولي من خلال تخصصي؟

- ✔ هل أريد تغيير تخصصي ولماذا؟

- ✔ هل معلوماتي الفنية بحاجة إلى تحديث؟

- ✔ هل أنا متابع لتقنيات وأساليب الفن الجديدة؟

- ✔ هل أنا ملم بتاريخ الغرافيك؟

- ✔ هل قمت بمساعدة شخص على دخول عالم الغرافيك؟

- ✔ ماهي المهارات التي أنا متمكن منها وماهي المهارات التي أحتاج لتنميتها؟

- ✔ هل أقوم بالاعتناء بصحتي النفسية خلال رحلتي ضمن تخصص الفنون؟

- ✔ هل أنا أعتني بصحة عيناي وخاصة أنهما تتعرضان لأشعة الحاسوب؟

- ✔ هل أقوم بأخذ قسط من الراحة على الدوام؟

- ✔ هل أنام جيّداً؟

- ✔ هل أصدقائي الذين أتواصل معهم هم ممن يرفعون همتي عالياً؟

- ✔ هل هنالك أشخاص في حياتي يشكلون عثرة في طريق النهوض بنفسي؟

- ✔ ما هي الأشياء المهمة في حياتي؟

- ✔ هل حققت أهداف السنة الماضية وهل قمت بالتخطيط للسنة المقبلة؟

## ❯❯ هل سيحل النقد ضيفاً على بعض أعمالي الفنية؟

قد تصل خلال رحلتك في الفنون الجميلة إلى محطات سيكون لها الأثر الكبير على طريقة تفكيرك وعملك وربما أسلوب حياتك. واحدة من هذه المحطات هي محطة النقد، حيث إنك ستجد النقد في هذه المحطة بنوعيه: البناء والهدام. لكن قبل أن نبدأ بالحديث عن أنواع النقد تعال نشرح المعنى الأساسي له.

النقد هو تحليل العمل الفني ومحاولة تفسيره والكشف عن مواطن القوة والضعف والجودة والرداءة من خلال الناقد المختص بغية تحسين العمل وجعله سامياً ومخاطباً جيداً للمجتمع. ويمكن أن يكون النقد معلماً أميناً يخبرنا بالعديد من الملاحظات التقنية والفنية والأدبية والاجتماعية والدينية التي إن طبقناها في أعمالنا فسنضمن تواصلاً سليماً مع جمهورنا المستهدف. فالنقد كفيل برفع مستوى الوعي بما يحيط بنا من ثقافة مجتمع وبما يغيب عنا من معلومات وتقنيات فنية هامة. تعال الآن معي لنتحدث عن نوعين من أنواع النقد.

## ✎ النقد البنّاء:

يتمتع الناقد البنّاء بثقافة فنية متخصصة وعميقة في مجاله بالإضافة لكونه مطلعاً على الثقافة العامة والأسس والمفاهيم الخاصة بالنقد. يعلم هذا الناقد أن الهدف الرئيسي من طرحه هو مساعدة الفنان كي يصل بعمله الفني إلى نسخة أفضل مما هو عليه. كما أنك تراه مهتماً بالذائقة الفنية لدى الجمهور المتلقي.

وقد قام الناقد جورجيو فاساري مؤرخ الفن الشهير في عصر النهضة الإيطالية بتحذير النقاد من القيام بإطلاق الأحكام دون وعي أو مسؤولية، حيث قال: " عندما نحلل عملاً فنيّاً فعلينا ألا نقوم بدور النّاصح أو المرشد، بل بدور المتبتل المتواضع الذي يتحرى الحقائق المطلقة في الشكل واللون(1)".

رغبة بعضنا بتلقي النقد البناء قد يوقعنا ضحية للإيجابية السامة Toxic Positivity، حيث قد يقوم أحده الأشخاص عن حسن نية بإخبارك أن عملك جيدٌ ولا يحتاج لتطوير أو ملاحظات ترفع من جودته خجلاً منك أو حباً بك. هذا النوع من الإيجابية السامة قد يخفي عنك ما يصب بمصلحتك ويثري معلوماتك الفنية وقد يرسم حولك دائرةً من الوهم تخبرك أنّ أعمالك أفضل من جميع الأعمال وفوق مستوى النقد مقارنة بغيرها.

---

مما تعلمت من أساتذتي أنه من الضروري عندما نتلقى نقداً من أشخاص ثقات وأصحاب اختصاص أن نسأل أنفسنا سؤالاً هاماً ألا وهو: "هل نحن نبحث عن الحق أم أن يقال لنا أننا على حق؟"

---

## ✎ النقد الهدام :

في يوم من الأيام كان أحد الفنانين منهمكاً في عمله ومتحمساً لإنهاء لوحته الزيتية التي أمضى عشرات الليالي برفقة السهر في رسمها والاهتمام بأدق تفاصيلها. وعندما أنهى هذه التحفة الفريدة أراد أن يعرف آراء الناس حول هذا العمل، فما كان منه إلا أن وضعها في الطريق بجانب شجرة، ووضع لافتة بجانبها تقول "إن كنت ترى أن هذه اللوحة تحتوي أخطاء فنية فيرجى وضع إشارة X باللون الأحمر على اللوحة".

استيقظ في اليوم الثاني متحمساً لرؤية ما حلَّ باللوحة، فنزل من بيته مسرعاً ليتفاجأ بأن اللوحة كانت ممتلئة بإشارات X لدرجة أن اللوحة كانت قد تشوهت بشكل كلي وطمست تقريباً باللون الأحمر. حَمَلَ صديقنا الفنان لوحته وعاد حزيناً إلى بيته .

في المساء، جاء المعلم الحكيم لزيارة طالبه الفنان وعندما سأله عن سبب حزنه أجابه عما جرى معه خلال صباح اليوم، فما كان من المعلم إلا أن قال له، قم برسم لوحة أخرى وافعل ذات الأمر، ولكن ضع على اللافتة الجملة التالية "إن كنت ترى خطأً فنياً في هذه اللوحة فقم بتصحيحه بالريشة" فما كان من الفنان إلا أن فعل ما طلبه منه أستاذه وكانت النتيجة في صباح اليوم التالي مذهلة، فلم يرَ أي إشارة X وبقيت اللوحة محتفظة بتفاصيلها الجميلة. ليدرك حينها أن إطلاق الأحكام والتكلم دون معرفة أو إدراك هو أمر هين، ولكن مشاركة النقد البناء والهادف وتقديم الحلول الإصلاحية هو مهمة صعبة .

النقد الهدام هو الضيف غير المرغوب به والذي يأتي دون دعوة، وهو يفرض نفسه ليحل ضيفاً ثقيلاً على الروح. بدايةً، إنه من الهام والضروري أن أخبرك بأن ليس الجميع مهيئين نفسياً وفنياً وأخلاقياً وعلمياً لطرح النقد أو التعليق على الأعمال الفنية. لكن هذا الأمر -بكل أسف- متاح للجميع، فهو أمر يقوم به المحسن والمسيء، العالم والجاهل، البنّاء والهدّام، المُعافى والسيكوباتي. فأتمنى منك يا صديقي أن تتذكر هذه الفئات عند تلقيك نقداً ما على عملك.

## ›› هل من فروقات تساعدني على تمييز النقد البناء من الهدام؟

سنذكر هنا بعض الفروقات التي تساعدنا على التمييز بين النقد البناء ونظيره الهدام.

| النقد البناء | النقد الهدام |
|---|---|
| يستند على أسس فنية نقدية أكاديمية | يتبع أسلوب الشخصنة والإساءة والتشهير |
| يساعد الفنان على تحسين عمله | يهدف إلى إحراج الفنان وإشعاره بالخجل |
| يحلل نقاط القوة والضعف في العمل | يهاجم الفنان بشتى الطرق |
| يقترح حلولاً لتطوير العمل | لا يقترح/يمتنع عن تقديم الحلول |
| النقد واضح الهدف | كلام مسيء غير مترابط ومتشعب |
| نصيحة أمينة من شخص محترف | فضيحة وتجريح علني من مسيء |
| يزيد المهارة | ينتصر لنفسه |
| يؤخذ منه ويُرد | يعتقد من وجهة نظره أن حكمه نهائي غير قابل للنقاش |
| يطرح أسئلة | يلقي اتهامات |
| متواضع ومتبحر في الفن | متكبر يجهل الفن |

| معايير أكاديمية نقدية موحدة | ازدواجية معايير |
|---|---|
| يسمو بالإنسان وعمله | يرضي الأنا Ego |
| يحفز على إنجاز أعمال أكثر | يصيب الفنان بإحباط |

خلال رحلتك الفنية قد تتعرض لنقد هدّام -أرجو ألا تمر بذلك- ولكن إن شاءت الأقدار وقابلت ذاك الشخص، فتذكر يا صديقي أن المشكلة فيه، وأن ما فعله لا علاقة له بعملك بل بسوء أخلاقه وتربيته وبجهله بأدنى مستويات التواصل الاجتماعي. حاول أن تتواصل مع الأشخاص الذين يسمون بروحك ويشاركوك نقدهم ومعلوماتهم بكل أمانة. إن تعرضت للنقد القاسي والمؤلم، إبحث عن الطرق التي ينصلح فيها حالك وأكمل من بعدها طريقك. وتذكر يا صديقي أنت هنا لتكمل ما بدأت به فلا تبرح حتى تبلغ وجهتك.

## ‹‹ هل أنا بحاجة لنشر أعمالي على الإنترنت؟

يسعى المصمم بشكل دائم لتلقي آراء الناس حول تصاميمه وأعماله الفنية ويسعد إن تلقى المجاملات بكل تأكيد فترى بعض المصممين الذين بدأوا مشوارهم الفني يهتمون بنشر أعمالهم في مجموعات الحوار على وسائل التواصل الاجتماعي (مجموعات التصميم في الفيسبوك على سبيل المثال) رغبة منهم بتلقي نقد بناء أو إطراء يشجعهم على إكمال رحلتهم في الفنون الجميلة. ولكن السؤال هنا: هل نشر التصاميم على الإنترنت يساعد المصمم للوصول إلى غايته من تلقي نقد بنّاء أو كلام مشجع؟ تعالوا يا أصدقائي نسأل بعضنا هذه الأسئلة قبل النشر، فنحن مازلنا في بداية طريق تعلمنا وأي نقد هدام من قبل شخص مختصاً كان أو غيره قد تؤثر فينا، ولكن نريد تلقي النقد البناء أيضاً حتى تتضح ملامح الطريق الذي نسير به.

لنفترض أن مصمماً مبتدئاً قرر نشر مجموعة من تصاميمه في إحدى مجموعات الفيسبوك، فمن المفيد حينها أن يسأل نفسه مجموعة أسئلة قبل النشر:

1. ما مستوى الاحترافية في هذه المجموعة؟

2. هل جميع المعلقين هم مؤهلين كي يعطوا تقييماً صحيحاً وأكاديمياً؟

3. كيف يقوم عامة المُعلقين بطرح آرائهم وملاحظاتهم على تصاميم باقي المصممين المبتدئين؟ هل يتضمن كلاماً جارحاً؟ (قليلٌ من البحث في المجموعة يكفي)

4. هل يقوم المعلقون ببخس الأشياء حقها؟ وهل يقومون بشخصنة الموضوع؟

5. هل لدى المعلقين طريقة تواصل سليمة (لا نتكلم هنا عن مدى حرفيتهم بل تواصلهم الاجتماعي)

6. هل يقوم المعلقون عادة بإلقاء الأحكام المسبقة بسبب اختلاف ديني، سياسي أو عرقي؟ أم أنهم يقومون بتقييم الأعمال بشكل حيادي؟

هنالك الكثير من الأسئلة الأخرى التي قد تخطر على بال المصمم، خاصة أن وسائل التواصل الاجتماعي تعطي مساحة واسعة لممارسة الابتزاز العاطفي والتنمر (لاسيما إذا كان البروفايل وهمياً).

هذه الأسئلة وغيرها قد تساعد الشخص على اتخاذ قراره بشأن طرح أعماله الفنية الأولى أمام جمهور كبير. مع ذلك، قد تجد بعض المجموعات المحترفة والتي قد يكون هدفها أكاديمياً وتقدم من خلالها نقداً أكاديمياً. ولكن إن كنت تشعر أنك لا ترغب بأن يكون تصميمك تحت المجهر On spot، فيمكنك حينها البحث عن الأشخاص الذين يقدمون النقد بشكل منفرد One on one.

---

ليس من الضروري أن يكون صاحب الانتقاد اللاذع شخصاً سيئاً أو جاهلاً بل قد يكون حاصلاً على شهادات علمية في الفنون، ولكنه يفتقر إلى مهارات التواصل والنقد البناء.

---

## «حسناً! لن أنشر الآن، ولكن كيف لي أن أحصل على نقد بنّاء؟

إن الالتقاء بشخص متخصص في الفنون والتصميم وقادر على طرح نقده الفني بكل أمانة واحترافية ولطافة هو أشبه بالعثور على كنز ثمين بعد عملية بحثٍ موسعة.

بداية الطريق هي القيام بسؤال الأصدقاء من المحيط الفني عن فنّان ثقة، وأيضاً يمكن متابعة أنشطة بعض الجامعات والمراكز التعليمية والمبادرات التي تهتم بالفن، حيث يقوم بعضها بتقديم جلسات مجانية لمراجعة للأعمال الفني Portfolio. الأهم هو عدم حصر عملية البحث في بقعة جغرافية معينة. هنالك العديد من المبادرات التي تتم بشكل افتراضي (أونلاين)، وبعضها يقوم بالسماح للطلاب أو الفنانين بحضورها بغض النظر عن البلد الذي يقيمون فيه.

نذكر هنا أمراً يتعلق بعدم تشتيت أنفسنا خلال رحلتنا في تلقي النقد. فتلقي عدة آراء -ولو كانت احترافية وصادقة- حول عمل واحدٍ قد يؤدي إلى نتائج عكسية تشوش ذهن الفنان وتجعله في حيرة من أمره. أما الاكتفاء بتلقي النقد من شخص أو شخصين محترفين أمر قد يكون أمراً جيداً في البدء. لكن يبقى هذا في بادئ الأمر فقط. أما بعد مرور الوقت، فمن الضروري الانطلاق والتواصل مع عشرات الفنانين المحترفين لسماع آرائهم وتلقي نصائحهم، ولكن هذا يأتي في مراحل لاحقة خلال رحلتنا مع الفن.

## ⟨⟨ كيف أستعد للقاء من سيقدم لي المراجعة أو النقد؟

حسناً، بعد أن أمضينا وقتنا في البحث عن فنان محترف كي يقوم بمشاركة ملاحظته حول أعمالنا، فإننا الآن جاهزون للقائه، لكن تعالوا يا أصدقائي نراجع لائحة المهام Checklist والتي ستساعدنا على تقديم أنفسنا بشكل احترافي وترك انطباع جيّد عند الفنان الخبير.

✔ حَدِّدْ موعداً مع الناقد واعرف المكان والزمان المناسبين لكليكما، واختر مكاناً عاماً للقاء. احذر الزيارة المنزلية خاصة إن كان لقاءً للمرة الأولى.

✔ أخبره عن عدد الأعمال التي سيقوم بمراجعتها وقم بإرسال البورتفوليو له قبل الاجتماع به.

✔ حاول معرفة المدة الزمنية المخصصة للقاء كي لا تطيل عليه.

✔ لا تنسى القلم والدفتر الخاص لتدوين الملاحظات.

✔ قم بمشاركة أفضل أعمالك فقط.

✔ في نهاية الحديث قم بسؤاله حول إمكانية التواصل معه في المستقبل لمشاركة التصاميم معه. أو للاطلاع على البورتفوليو بعد التعديل.

✔ لا مانع أيضاً من سؤاله حول إمكانية التواصل عبر LinkedIn.

✔ قم بإرسال رسالة شكر له بعد انتهاء الجلسة.

## ≫ ما هو لون غلاف Visual Diary خاصتك؟

يحتاج الفنان إلى دفتر أو مجلد رقمي يقوم بحفظ أفكاره الفنية الخلاقة والتي تأتيه دون سابق إنذار، بالإضافة إلى تدوين الملاحظات أو النصائح التي قد يتلقاها خلال حديث مع فنان آخر بحيث يعود إلى هذه الملاحظات حين حاجته إليها خاصة خلال حاجته لعمل عصف ذهني Brainstorming. ويستطيع الفنان أيضاً الاحتفاظ بصور ملهمة كان قد اقتطعها من صحيفة أو مجلة ليضعها في هذا الدفتر أيضاً. أنوه هنا إلى أن بعض كليات الفنون الجميلة تخصص علامات لـ Visual Diary. كما أن بعض المعارض تقوم بعرض هذه الدفاتر فهي مصدر إلهام لأصحابها ولمحبي الفن. وستكون أيضاً ذكرى ترافقك وتساعدك في معرفة المستوى الفني المتقدم الذي وصلت له.

وهنا أورد عدة أفكار يمكن تدوينها.

✔ فكرة فنية خطرت على بالك ولو لم تستطع تنفيذها الآن، فقط دونها

✔ رسم أولي أو سكيتش لفكرة إعلان أو بوستر على سبيل المثال

✔ ملاحظات متفرقة

✔ مقولة تحفيزية

✔ صورة فوتوغرافية التقطتها

✔ وكل ما تعتقد أنه سيفيدك لاحقاً

✔ قصاصة من مجلة أو صحيفة

## « هل حان وقت كتابة السيرة الذاتية؟

السيرة الذاتية للمصمم أو الفنان هي أول ما قد يقع بيد قسم التوظيف، وهي المستند الذي يعنى بدراسة وعمل المصمم بالإضافة إلى البرامج التي يتقنها. وسأقوم هنا بمشاركة عدة نقاط والتي قد يستفيد منها المصمم المبتدئ.

✔ قم بالاطلاع على نماذج من سير ذاتية لمصممين آخرين.

✔ تأكد من خلو السيرة الذاتية من الأخطاء الإملائية والقواعدية. فالسير الذاتية السليمة من الأخطاء ستترك انطباعاً جيداً وتعكس احترافيتك لدى من يطلع عليها.

✔ اجعل لك نسختين من سيرتك الذاتية (عربي وإنجليزي)، بالإضافة إلى لغات أخرى إن كنت ترى أن في ذلك الأمر ضرورة.

✔ تابع المبادرات الافتراضية أو غير الافتراضية التي تقدم مراجعات للسير الذاتية.

✔ احرص على أن يكون تصميم السيرة الذاتية مميزاً فجهة التوظيف تتوقع من المصممين سيراً ذاتية بشكل مختلف ومميز عن باقي المهن.

✔ بعد الانتهاء قم بمشاركة السيرة الذاتية مع فنان مختص بالإضافة إلى أحد مدراء الموارد البشرية، فهم قد يساعدوك على جعل السيرة الحالية تبدو بشكل احترافي.

## ‹‹ ماهي قصة لوكاس رجل الدونات؟

تعالوا نستمع إلى قصة الشاب لوكاس الذي قدم من ليتوانيا إلى سان فرانسيسكو والذي كان يرغب بالحصول على عمل. أدرك لوكاس عند وصوله أن الحصول على عمل ليس بالأمر الهيّن وخاصة أنه مهاجر جديد، فما كان منه إلا أن قام بفكرة "الذيذة" حيث قام بالتنكر من خلال زي عامل توصيل طلبات ليقوم بعدها بالذهاب إلى كبرى الشركات المتخصصة بالتكنولوجيا لإيصال علب تحتوي على قطع من حلوى الدونات، وقد كتب رسالة بداخلها تقول "عادة ما تقوم جهات التوظيف بإلقاء السير الذاتية في سلة المهملات، ولكن سيرتي الذاتية ستصل إلى معدتك". قام لوكاس بإيصال 40 طرداً من الحلوى لأربعين شركة مختلفة ليحصل بعدها على 10 مقابلات وهذا يعني أن 25% من الشركات تواصلت معه. وهذه نسبة مرتفعة جداً (2) .

من الضروري هنا التذكير بما أظهرت الإحصائيات في عام 2017، حيث أفادت أنه قد يتوجب على الفرد التقديم لما بين 100 لـ 200 وظيفة، ليحصل على عرض عمل واحد. هذا يعني أنه سيحصل على مقابلة واحدة لكل 10 أو 20 استمارة توظيف قام بإرسالها (3) .

نتعلم من هذه القصة الملهمة أن باب الإبداع مفتوح أمامنا ليس في الفن فقط، بل بطريقة تقديم هذا الفن أيضاً.

## « هل حان وقت البورتفوليو Portfolio؟

البورتفوليو هو حافظة أو مجموع أعمال المصمم مجمعة ضمن ملف واحد مطبوع أو ديجيتال. قد هذا الملف يكون بصيغة PDF أو يكون عبارة عن صفحة أو موقع إلكتروني. تقوم جميع الشركات تقريباً بطلب البورتفوليو لمشاهدة أعمال المصمم قبل دعوته لمقابلة العمل، وحتى قبل قراءة سيرته الذاتية .

سأقوم هنا بذكر بعض النقاط التي يمكن للمصمم المبتدئ الاستفادة منها:

✔ قم بوضع وعرض أفضل الأعمال فقط.

✔ قم بعمل نسخة احتياطية للبورتفوليو.

✔ إن كنت تنوي تقديم البورتفوليو لجهة لا تتكلم اللغة العربية، فقم بترجمة التصاميم العربية المميزة ومن ثم قم بإضافتها.

✔ إن كنت قد صممت مواداً مطبوعة ما فقم بتصويرها بكاميرا ومن ثم قم بإضافتها، فبعض المؤسسات الأكاديمية قد لا تعتمد الـ Mockups.

✔ من الجيد جداً البحث عن المبادرات التي تقدم نقداً Portfolio Critique. كما ذكرنا من قبل، فالإنترنت يتيح لنا عدم التقيد ببقعة جغرافية معينة، وهنالك العديد من المبادرات الفنية الافتراضية من أوروبا وكندا التي تستقبل فنانين من مختلف أنحاء العالم.

✔ حاول أن يكون البورتفوليو منوعا وغزيراً بالتصاميم الفريدة.

✔ قم بتقديم شرح عن كل ما تعرضه (سطر أو اثنين قد يكفيان).

✔ بعض الشركات قد ترغب بمشاهدة كيف تم إنجاز التصميم النهائي منذ البداية أي مراحل تطور العمل من الاسكتش إلى الصورة النهائية ليتعرفوا من خلالها على تطور العملية الإبداعية Creative Process.

✔ شاهد نماذج بورتفوليو لفنانين ومصممين آخرين.

✔ البورتفوليو كالنبات بحاجةٍ دائمةٍ إلى رعاية وتطوير.

**»» ما هو التحيز اللاواعي Unconscious Bias، وما مدى تأثيره على فني؟**

التحيز اللاواعي هو نوع من أنواع المحاباة الذي يودي بالشخص إلى الانحياز إلى خيار دون آخر لتشكل صورة نمطية في ذهن الفرد تجاه أحد الخيارات التي أمامه. يمكن أن يكون لدى العديد من الأشخاص أفكاراً واعتقادات مغلوطة تجاه فئة اجتماعية، عرقية أو دينية، ليقوموا بعدها بالتعامل معهم وإطلاق الأحكام عليهم بناءً على ما تشكل في ذهنهم لا على ما عاينوه من تصرفاتهم (4) .

فقد يتقدم زيد وعمرو لوظيفةٍ ما. لنفترض أن زيداً هو أكثر كفاءة من الآخر، ولكن صاحب العمل قد ينحاز لعمرو بشكل لاواعي بسبب الدين أو العرق أو التوجه السياسي.

✎ في يوم من أيام شتاء 2013، تواصل معي صديقي وأخبرني أن أحد معارفه يريد أن يضم مصمماً إلى فريقه، وكان مقر شركته في إحدى الدول العربية. العرض الذي قدمه لي كان جيّداً مقارنة بالواقع الذي كنت أعيشه آنذاك. تواصلت مع صاحب العمل وطلب مني البورتفوليو الخاص بي، وقد أبدى إعجابه الشديد بعملي، ليقوم بعدها بطلب مشاهدة المزيد من الأعمال. أرسلت حينها بعضاً من الأعمال التي تتضمن مواضيع دينية، ليقوم صاحب العمل بإلغاء المشروع بشكل فوري بسبب تحفظه الشديد من هذا الأمر. حتى أكون صريحاً، لم يكن يؤثر بي ذاك الرفض، فالإيمان بفكرة قسمة الرزق تساعد على تخفيف العبء النفسي عن كاهل الفنان، مع ضرورة الأخذ بالأسباب طبعاً .

وأذكر أيضاً قصة لصديق آخر قدم مجموعة تصاميمه ومن بينها تصاميم تتضمن مواضيع سياسية، لتقوم الجهة بإلغاء فكرة العمل معه من الأساس .

قد يسأل المصمم نفسه، هل أقوم بإلغاء التصاميم التي تتضمن مواضيع دينية أو سياسية مثلاً؟

في الحقيقة لا يوجد جوابٌ مثالي، حيث إنه يجب على المصمم إجراء عملية بحث موسعة قدر الإمكان عن الشركة أو الجهة التي ينوي التقدم إليها. ينصح أيضاً بعمل عدة نسخ من البورتفوليو، فقد تتضمن النسخة الأولى تصاميم تتضمن اللغة العربية، ونسخة أخرى تتضمن تصاميم اللغة الإنجليزية، وتصاميم أخرى تتضمن رموزاً دينية، وهكذا.

---

لا ينبغي لبيئة عملك أن تعرف جميع تفاصيل حياتك وآراءك التي قد تختلف فيها عنهم، ما يهمهم هو أمانتك في العمل وحرفيتك وتواصلك الجيد والالتزام ببروتوكولات العمل. أما عن الجوانب الشخصية فهذه أمور من الأفضل عدم مشاركتها مع دائرة العمل.

---

**هنا أشارك بعض النقاط التي يمكن أن تفيد المُصَمِّمْ:**

✔ تجنب وضع تصاميم تحتوي مواضيع جدلية في البورتفوليو.

✔ بعض الشركات أو السفارات قد تسألك عن حساباتك الخاصة على السوشيال ميديا.

✔ قم بعمل عدة نسخ للبورتفوليو، وتذكر أنه لا يحق لأحد أن يصل إلى تفاصيل حياتك الخاصة.

## ‹‹ هل سمعت بنصيحة المدرب البرتغالي مورينو؟

في وثائقي All or Nothing: Tottenham Hotspur ، يقوم المدرب البرتغالي جوزيه مورينيو بمشاركة عدة نصائح مع اللاعب ديلي آلي. الجملة الملهمة في ذاك الحوار هي: **"اليوم عمري 56 سنة أما البارحة فكان عمري 20 سنة، الوقت يمر بسرعة. وأعتقد أنك ستندم في يوم من الأيام عن الإنجازات التي كان بإمكانك أن تحققها ولم تحققها** بسبب عدم بذل الجهد الكافي(5) ."

لا ينفرد مورينيو بهذه الحكمة، بل تراها عند كثير من الحكماء والعلماء الذين يركزون على أهمية استثمار الوقت. أذكر هنا إحدى الحكم الصينية المحببة إلي: **"أفضل وقت لزراعة شجرة كان منذ عشرين سنة، أما ثاني أفضل وقت هو الآن".**

## » هل من نصائح سريعة نختم بها الفصل الثاني من هذا الكتاب؟

- حاول أن تقوم بإتمام السنوات الدراسية دون انقطاع كي لا تفتر همتك. قد يخطر على بال أحدنا أن يأخذ سنة راحة " Gap Year "إما الاستجمام أو لعمل ليعود بعدها إلى إتمام دراسته. العودة إلى الدراسة بعد هذه السنة قد تكون صعبة لعدة أسباب، كتغير زملاء الدراسة مثلاً. لكن لكل قاعدة استثناء، فالأمر يتغير بحسب ظرف كل منا. فقط استشر أصحاب الاختصاص قبل الإقدام على مثل هذا الأمر.

- قم بترجمة وتصديق جميع الوثائق التي تثبت خبراتك المهنية والعلمية وتأكد من وجود نسخ باللغة الإنجليزية.

- الدراسة في الفنون الجميلة هي من الأشياء الممتعة. لكن تأجيل تسليم المشاريع إلى الساعة الأخيرة قد يفقدنا هذه المتعة، فتنظيم الوقت هو مهارة يحتاجها طالب الفنون الجميلة.

- مهما كان التخصص الذي ستدرسه في كلية الفنون كالتصوير الزيتي، أو الحفر، أو النحت، أو التصميم. حاول أن تتعلم بعض مهارات التصميم أو التصوير الفوتوغرافي أو المونتاج أو الأنيميشن. هذه المهارات ستسهل عليك أمر الحصول على وظيفة بعد التخرج.

- إن استطعت تعلم حرفة غير الفنون خلال دراستك فافعل، ارتبطت بتخصصك أو لم ترتبط (صيانة الحاسوب، الترجمة، كتابة المحتوى، صناعة الحلوى، تنسيق الزهور، التعليق الصوتي، المحاسبة، تدقيق النصوص، التدريس، البرمجة، التسويق الرقمي، إدارة الصفحات على

السوشيال ميديا، أو أي مهنة أخرى). نرى هنا بعض المهن قريبة من تخصصنا والبعض لا علاقة له به. لكن هذا قد يفيد في حال اضطررت لقبول عمل مؤقت ريثما تعثر على عمل من صلب اختصاصك.

✔ حافظ على أفكارك الإبداعية وحاول عدم نشرها إلا في المكان الصحيح، فالأفكار معرضة للسرقة. وأكثر من يسرق الأفكار هم الذين يخبروك أن فكرتك سيئة ولا تصلح للتطبيق.

✔ قم بزيارة دورية للمعارض والمتاحف والتجمعات التي تضم الفنانين.

✔ وأنت تحتسي فنجان قهوتك الأخير في كافتيريا كلية الفنون الجميلة تذكر أن رحلة التعليم قد بدأت لتوها، وأن سنواتك الدراسية ما كانت إلا مقدمة لرحلة طويلة مع الفن.

✔ غالباً ما تقوم كليات الفنون الجميلة بإعطاء مفاتيح معرفية ليقوم الطالب بعدها باكتشاف الطرق لوحده. في هذه النقطة تحديداً، أرى أنّ الجامعات في الشرق والغرب يتشاركون نفس الرؤيا. فالجهد الأكبر يقع على الطالب.

✔ إن استطعت حضور المحاضرات جميعها فافعل. وحاول مهما أمكن أن تبني علاقة طيبة مع أكبر عدد من المدرسين.

✔ إذا نجحت في دراستك الثانوية، ولم تستطع الحصول على قبول جامعي في كلية الفنون الجميلة، فابحث عن كليات فنون في مدن أو بلدان أخرى، أو قم بدراسة الفرع الأقرب للفنون. ولكن حاول قدر الإمكان ألا تبقى بعيداً عن الجامعة، ففرصة دراسة الفنون قد تأتيك لاحقاً من

خلال دراستك الأخرى، إما عن طريق المنح أو عن طريق تحويل الاختصاص.

✔ اختر تخصصك في الفنون الجميلة بعناية وقم بعملية بحث عما يتطلبه سوق العمل. قم أيضاً بموازنة بحثك مع شغفك ثم انطلق نحو تحقيق هدفك.

✔ أرجوك ألا تهمل صحتك النفسية، وتذكر أن لنفسك عليك حقاً.

✔ الاهتمام بالمعدل التراكمي GPA هو أمر هام، واحرص على الحصول على معدل تراكمي عال في فصلك الأول فهذا الأمر سيخفف عبئاً عليك خلال رحلتك الدراسية.

✔ إذا أردت التسجيل لمادة اختيارية Elective Course ، فقم بمقارنة المواد واختيار المادة الأمتع والأقرب لك.

✔ تَعَلُّم مهارة تنظيم الوقت سيعود عليك بفائدة كبيرة تظهر في متعتك في الدراسة وتسليم المشاريع الفنية على وقتها. هذا الأمر سيجنبك الكثير من الضغط النفسي والذي أنت بغنى عنه.

✔ استخدم المفكرة لتسجيل الأعمال المترتبة عليك.

✔ المعلومات في الكتاب الجديد هي نفسها في الكتاب المستعمل، حاول ألا ترهق نفسك بشراء الكتب الدراسية الجديدة.

✔ إن استطعت أن تعمل خلال دراستك، فلا تضيع الفرصة.

- لا تخف من الإبداع.

- الضوابط والمعتقدات والقيم عند الفنان الملتزم لا تقيد من عملية الإبداع، بل تهذب العمل الفني لتظهره إلى المجتمع بأرقى صورة وأبهى حلة.

- دائماً ما كان يخبرنا أساتذتنا أن الحبر الضعيف أفضل من الذاكرة القوية، فتدوين وتوثيق المعلومات ونقلها إلى الورق لا يقارن أبداً بما تحفظه الذاكرة.

وأذكر هنا مقولة للأستاذ علي الطنطاوي: **"فخذوها نصيحة مني، نصيحة من مجرّب يريد أن يجنبكم عواقب السيِّئ من تجارِبه: دوّنوا كلّ ما يمرّ على أذهانكم من أفكار وما يعتلج في نفوسكم من مشاعر، اكتبوه في حينه، فإنكم إن أجّلتموه فتّشتم عنه فلم تجدوه (6)."**

- ابحث عن صديق دراسة Study Buddy يشد من عزمك ويرفع معنوياتك.

- قد نعتقد أن حكمة "لا تؤجل عمل اليوم إلى الغد" هي فكرة مبتذلة Cliché، لكن تأجيل الدراسة وتسليم المشاريع هو سبب هام من أسباب الضغط النفسي. التسويف أو المماطلة Procrastination هي أحد أعداء الطالب فاحذرها.

- قم بملاحظة الأمور التي تساعدك في التركيز على الدراسة والأمور الأخرى التي تشتت ذهنك، هذا سيساعدك في معرفة الظروف المحيطة التي تجعل منك أكثر فاعلية.

✓ لا تخجل من السؤال.

✓ مساعدة أصدقائك من الطلاب هو أمر نبيل، لكن أن تقوم بإعطاء مشروعك بالكامل ليقوم ذاك الطالب بنسخه فأنت بذلك تعرض نفسك وزميلك إلى خطر كبير ومشكلة مع مدرس المادة. أرجوك ساعد دون أن تسبب ضرراً لنفسك أو لغيرك. علاوةً عن ذلك، إنَّ هذا النوع من "المساعدة" يقع في خانة السرقة الأدبية والتصرفات غير الأخلاقية وغير القانونية.

✓ مهارة الاستماع الجيد تعينك على فتح أبواب من المعرفة.

✓ اختر أصدقاء دراستك بعناية وكن حول المبدعين قدر الإمكان، وكن قريباً من الصديق الحكيم والطموح وصاحب الشغف. هنالك فرق كبير بين صديق يقول لك حين تطرح أمراً إبداعياً: "هذه فكرة خلاقة. هيا ننفذها"، وبين صديق يطفئ شعلة الأفكار المتقدة في مخيلتك ويحبطك.

✓ ابدأ حيث أنت. لا تنتظر تحقق الحالة الأفضل والوضع المثالي كي تقوم برحلتك الإبداعية. اللحظة المثالية أو المناسبة لن تأتي أبداً.

✓ اجعل الحكمة ضالتك المنشودة وهيّئ نفسك لتلقي المعلومة (مع التحقق من صحتها) من الجميع، الكبير والصغير، الفنان وغير الفنان، حديث العهد بالفن والمخضرم الذي قضى سنوات في تعلم هذا الفن.

✔ طلب المساعدة لا يعني أنك شخصٌ اتكالي. إن احتاج أحدنا لمساعدة ما، فمن الطبيعي أن يطلب العون من صديقه.

✔ أذكر هنا أيضاً نصيحة أخبرونا إياها في أولى محاضرات الفنون، إن اضطررت لاستخدام كاميرتك الخاصة للتصوير في الليل لتنفيذ إحدى المشاريع الفنية، فاحرص على أن يكون هناك صديق بجانبك، فهذا من مبادئ السلامة.

✔ أن تكون طالب فنون جميلة يعني أنك ستجلس كثيراً وأنك ستعرض ظهرك للانحناء، وعينيك لأشعة الكومبيوتر وأنفك لروائح المذيبات الكيميائية والألوان ويدك (التي تحرك الماوس) لألم إن لم تكن بوضع جيد. تذكر أن هنالك سبل وقاية يجب البحث عنها فيما يخص كل نقطة من النقاط السابقة.

✔ استمتع بدراستك قدر الإمكان. أيام الدراسة في كلية الفنون الجميلة تشكل جزءاً جميلاً في حياة الفنان.

✔ قم بسؤال أصحاب الاختصاص عن نصائح أخرى ولا تنسى البحث أيضاً، فالبحث عملية ممتعة.

✔ التواضع صديق أمين يوردك بحوراً من العلم لم تكن لتتخيلها.

## ← الجزء 3: مرحباً بك في عالم الفن الجميل

### ❯❯ هل مازلت أذكر ما هو هدفي؟

التخرج من كلية الفنون الجميلة يعني اجتياز الفنان لمرحلة من مراحل رحلته التعليمية، ولا يعني ختام طريق العلم. فصحبة العلم واكتساب المعارف النظرية والتقنية هي شكل من أشكال الأخذ بالأسباب كي يبقى الفنان على مستوى عال من المعرفة والتقنيات الحديثة والتريند، بالإضافة إلى اكتساب صفة هامة: التّواضع. فكلما قضى الفنان وقته في التعلم كلما أدرك حقيقة أنه لم يؤت من العلم إلا قليلاً .

الأمر الهام الذي يجب علينا أن نتذكره حين اجتيازنا مرحلة ما هو تذكر هدفنا. أذكر هنا اقتباساً للدكتور مصطفى محمود: "ليس بإنسان من لم يتوقف لحظة في أثناء عمره الطويل ليسأل نفسه: من أنا ومن أكون، ومن أين جئت وإلى أين أذهب، وما مصيري وما الحكمة من الألم، وما الهدف من الوجود، وعلام هذا اللهاث المجنون وآخر السعي موت وتراب ولا شيء (7) ".

هذا الكلام هو نقيض ما ذكره إيليا أبو ماضي في قصيدة الطلاسم:

جئتُ لا أعلم من أين ولكني أتيتُ

ولقد أبصرت قدامي طريقاً فمشيتُ

وسأبقى ماشياً إن شئتُ هذا أم أبيتُ

كيف جئت؟ كيف أبصرت طريقي؟ لست أدري ! (8)

قد يقول قائل، وما حاجتي للدخول في عمق هذه التفاصيل؟ فنقول أنّ الإجابة عن الأسئلة السابقة تساعد على الوصول إلى رؤية واضحة وتكوين البوصلة الخاصة لقلب الفنان. عليه، يقوم الفنان بتحديد الدراسة الفنية التي يريد التخصص بها، واختيار عملائه ونوع المشاريع التي يعمل بها بالإضافة إلى أن محتوى أعماله الفنية سيكون لا شك متأثراً بالهدف الذي رسمه الفنان لحياته. كما أن وصول الفنان لمعرفة الهدف الأسمى من وجوده على هذه الأرض سيجنبه الخوض في كثير من النزاعات التي لا داع لها.

## ›› لماذا أشعر بأنني أضعت وقتي في الدراسة؟

قد يمر بعض الطلاب حين تخرجهم بأزمة حيث يشعرون بتيه خلال حياتهم متسائلين عما إذا كانوا قد أضاعوا حياتهم في دراسة الفنون أو عما إذا كان من الأفضل دراسة فرع آخر غير الفنون، بالإضافة إلى السؤال الهام: كيف سأحصل على عمل الآن؟ من الضروري للطالب أن يتذكر الأمور التالية حين تخرجه فهي قد تخفف عليه وطأة هذا الشعور.

- **تذكر أنك لست وحدك من تمر بهذا الأمر وأن هذا أمر متوقع حصوله:**

خلال الدراسة الجامعية يكون الطالب منشغلاً بتسليم المشاريع الفنية ومُنْكبّاً على إتمامها، فترى هذه المشاريع تحتل المساحة الأكبر في وقت طالب الفنون الجميلة وعلامات التعب والسهر هي من دلائل هذا الأثر. أما بعد التخرج فترى أن هذا الحمل الثقيل قد اختفى مرة واحدة. لذلك، فإن نمط الحياة الجديد الذي اجتاح طريق الطالب قد يسبب له تشويشاً في أفكاره.

- **لا تخجل من طلب المساعدة من الجامعة أو مشاركة ما تشعر به مع أصدقائك أو ممن تثق برأيهم:**

تقدم العديد من الجامعات خدمات تندرج تحت أسماء مختلفة تهتم بدعم وتوجيه الخريجين الجدد، حاول قدر الإمكان التواصل معهم فقد يكون الحل متوفراً عندهم بناءً على ما مروا به من تجارب مع طلاب سابقين.

- **الحصول على فرصة عمل فور التخرج أو القيام بالسفر أو الزواج أو إكمال الدراسات العليا بشكل مباشر ليست دليلاً على النجاح:**

البعض منا قد يقع في فخ المقارنة بينه وبين أقرانه، فصراعه مع الأفكار التي تدور في رأسه قد توهمه بأن من عثر على عمل فور تخرجه أو سافر لحصوله على عرض عمل مغرٍ، هو صاحب النجاح الكبير. إن هذا التصور لا يأتي إلا بحمل وهمّ إضافي يثقل كاهل الطالب.

دعونا نتذكر أن المقارنة يجب أن تكون بيننا وبين أنفسنا لا بيننا وبين الآخرين. نؤكد مرة أخرى على أن استلهام الأفكار والتعلم من تجارب الآخرين هو أمر محمود ولكن تقع المشكلة حينما ننظر إلى ما في أيدي الناس، هذه المشكلة التي تكبر إلى أن توقعنا في دائرة السخط وعدم الرضا.

- **ولكن، ما أعيشه الآن مخالف تماماً عما كنت مخططا له!**

قد يتهيّأ للعديد من الطلاب أن الحياة ستنقلب رأساً على عقب حال التخرج، وأن جميع ما كان يتمنى سيكون جاهزاً بانتظاره حين إنهائه الدراسة. لكن الواقع يخبرنا عكس ذلك. كما أسلفنا من قبل، التخرج هو خطوة تجاه رحلة الفنان الكبرى. النتائج الكبيرة والمكافآت قد لا تنتظرنا عند باب الكلية لنصحبها حين تخرجنا. البعض منا يضع خططاً أو توقعات ليصاب بدهشة أن معظمها لم يتحقق .

هذا أمر عادي. إن لم تعمل الخطة (أ) فاستعمل الخطة (ب). ما أقصده هنا أنه من المفيد دائماً أن نكون مهيأين ومستعدين لتنفيذ خطط بديلة.
أستغرب أحياناً من المثالية المفرطة التي تقر بأننا إذا ما عملنا كل شيء على ما يرام وأنجزنا المهام الموكلة إلينا فإننا سنحصل حينها على ما نريد، وأن كل

تعب سيخلفه راحة. لكن الواقع يفرض صوراً ومشاهد مخالفة لما رسمناه في مخيلتنا. فمهما بلغ الفنان من حكمة وقوة وذكاء، فإن غاية ما يمكنه تجاه عمله أو دراسته هو الأخذ بالأسباب وتنفيذ مشروعه بإتقان. أما النتائج فهي ليست حتمية فيد القدر أكبر من أيادينا الصغيرة، هل هذا نوع من التشاؤم؟ لا بكل تأكيد، ولكن إنما هو دعوة للنظر في حلول أخرى، ودعوة لتهيئة النفس لخوض غمار الحياة بطريقة قد تكون مخالفة لما رسمته مخيلتنا.

أذكر أن أحد طلاب الثانوية كان يهيئ نفسه لدخول كلية الفنون الجميلة، فما كان منه إلا أن وضع في المفاضلة (التي تتضمن قائمة الكليات التي يرغب بدراستها) كلية الفنون الجميلة فقط، دون أن يضع خياراً آخر كمعهد الفنون التطبيقية فهو اكتفى بالخطة (أ) والمتمثلة بالكلية، وأهمل الخطة (ب) والمتمثلة بالمعهد. لم يستطع اجتياز كلية امتحان كلية الفنون الجميلة للأسف وبقي دون أي خيار آخر لإكمال دراسته. هذا الأذى النفسي الكبير قد يمكن تجاوزه بقليل من البحث والتحضير قدر الإمكان لاحتمالات أخرى.

## ‹‹ هل مازلت أنتظر اللحظة المناسبة؟

أذكر هنا اقتباساً من رواية الآن.. نرجوكم الصمت والتي تشكل جزءاً من سلسلة سافاري للدكتور أحمد خالد توفيق: "دعني أخبرك بشيء مهم، لا تقض حياتك بانتظار الفترة كذا والفترة كذا.. أن تنتهي فترة الدراسة.. أن تنتهي فترة التجنيد الإجباري.. أن تنتهي فترة انتدابك.. إلخ.. لسوف تجد أن حياتك صارت مجموعة من الفترات يجب أن تنتهي.. وهوب! تكتشف أنك بلغت نهاية العمر ولما تنعم بحياتك يوماً واحداً (9) ."

أن ننتظر وصول السيدة "اللحظة المثالية" يعني إضاعة الفرص المتاحة بين أيدينا في الوقت الحالي. هل تذكر كم فاتتك فرصٌ عندما قلت أنك ستبدأ بمشروع القراءة مع بداية رأس السنة؟ أو المشروع الفني في اليوم الأول من الشهر القادم؟ أو تعلم مهارة جديدة مع بداية الأسبوع القادم؟ أو حتى كلمة سأبدأ غداً. هذا التسويف يوقعنا أحياناً بفخ الرضا عن النفس، هذا النوع من الرضا قد يكون العصا التي توقف عجلة البحث عن المعرفة وتنمية المهارات.

المهم يا صديقي أن تبدأ بما عندك من أدوات لصناعة مشروعك الفني، أن تستغل الوقت الذي وهُبت إياه. فالميزانية المحدودة واللابتوب المتواضع والخبرة البسيطة يمكن تطويرهم مع مرور الوقت.

خلال إحدى اللقاءات مع المخرج ستيفن سبيلبرغ وُجه إليه سؤالاً حول نصيحة يقوم بإهدائها إلى المخرج الذي بدأ طريقه للتو. فقال جملة أصبحت شهيرة في عالم الفن ألا وهي:

*"Don't dream your film.*
*You have to make it!"*

رسالة سبيلبرغ تخبرنا بأنه يجب علينا أن نسعى لتصوير أفلامنا عوضاً عن التفكير بشكل رومانسيٍّ عن فيلمنا الذي "نحلم" بتصويره يوماً ما. ثم يكمل بعد ذلك ليقول بأنه "إذا لم يقم أحد بتوظيفك أو تقديم عرض عمل لك فقم باستخدام كاميرة تلفونك الخاص وقم ببث كل ما تصوره على اليوتيوب. فالفرص المتاحة الآن للشباب أكثر بكثير مما كانت عليه في وقتي(10) ."

من الجمل التي حفرت في ذاكرتي أيضاً هي ما قاله لي صديقي النحّات: "أن تكون جاهزاً قبل مجيء الفرصة لهو أفضل من أن تأتي الفرصة دون أن تكون جاهزاً". فقم باستغلال كل لحظة تُهْدَى لك في تطوير نفسك وتهيئة بنيانك العلمي والفني والحرفي حتى وإن لم تر في الوقت الحالي فرصة تلوح لك بأيديها.

## ‹‹ كيف أجعل من نفسي مصمماً أفضل؟

تعد فنون التصميم من أكثر التخصصات التي تتطور وتتأثر بما تفرضه التكنولوجيا الحديثة من جهة، وبما تفرضه قواعد الفن من جهة أخرى. وهنا سأذكر بعض الطرق التي قد تساعد المصمم على تطوير نفسه والاعتناء بثقافته العامة، فعندنا مثلاً (على سبيل المثال لا الحصر):

✔ قراءة الكتب الخاصة بالفن وعلم الجمال وتاريخ وفلسفة الفن ونظرية اللون والتصميم والتفكير الإبداعي وإدارة الأعمال الصغيرة. حاول يا صديقي أن تبدأ بعشرة دقائق قراءة يومياً. ستحصل في نهاية السنة على مخزون هام من المعلومات.

✔ متابعة المقالات الفنية. فهي تفيدك بالاطلاع على آخر ما توصلت إليه التكنولوجيا التي يمكن استخدامها في التصميم. يمكنك أن تبدأ هنا بمقالة واحدة أسبوعياً.

✔ القراءة والاشتراك بالمجلات المتخصصة. قد تجد أن أكثرها يحتاج إلى تسديد اشتراك سنوي أو شهري، ولكن بالمقابل ستجد عدداً لا بأس به من المجلات المجانية التي يمكن قراءتها والاطلاع عليها دون مقابل مادي.

✔ اجعل نصيباً لك من المحاضرات التي تقدمها منصة Ted والتي تستضيف عدداً من المصممين المميزين والذين يشاركون تجاربهم الفنية. فهي فرصة للاطلاع على أعمال وطرائق تفكير المصممين من مختلف الثقافات.

- ✓ إن للفنون الجميلة والتصميم حظاً في نتاجات الأفلام الوثائقية والبودكاست، فيمكن العثور على العديد من الأفلام التي تتناول تاريخ ومدارس التصميم الغرافيكي.

- ✓ حاول البحث عن الدورات وفرص التدريب المجانية الخاصة بالتصميم وتطوير المهارات الفنية المتاحة على المنصات عبر الإنترنت.

- ✓ التشبيك مع الفنانين والمبدعين من مختلف الثقافات والتخصصات من خلال الجمعيات والمنظمات المهتمة بالتصميم أو من خلال الفعاليات الثقافية التي تنظمها الجامعات أو المؤسسات الأكاديمية، والتي تهدف إلى جمع المصممين المخضرمين بالمصممين المبتدئين لمشاركة خبراتهم.

- ✓ حضور المعارض الفنية والاطلاع على أعمال الفنانين المختلفة يساعد بشكل كبير على تغذية المخيلة عند الفنان. ويمكن أيضاً حضور المعارض الرقمية.

- ✓ لا توفر أي فرصة للتعلم، تضمنت شهادة أم لم تتضمن.

- ✓ قم بالحصول على آراء فنانين متخصصين بشكل مستمر. وحاول في كل مرة الحصول على رأي فنان جديد لتضمن تلقي نصائح جديدة.

- ✓ البحث وحضور المؤتمرات الخاصة بالإبداع والتصميم Creative Conferences.

- ✓ قم بالتعرف على البرامج الجديدة والأدوات الخاصة بالتصميم.

✔ تعرف على الـ Trends الخاصة بالتصميم والتي تتغير بشكل سنوي.

✔ قم بمراجعة أعمالك القديمة ومارس دور الناقد.

✔ قم بسؤال نفسك حول إمكانية وصول وتفاعل الأشخاص من ذوي الاحتياجات الخاصة مع تصاميمك Accessible Design.

## ‹‹ هل أنا بحاجة إلى التكلف كي أبدو بمظهر الفنان المثقف؟

قد يخيل إلى البعض أن الفنان المثقف يجب أن يكون حبيس المفردات الصعبة وغير المتداولة بكثرة في المجتمع كي يبدو مثقفاً، فقد يعمد بعض الفنانين إلى التصنع واستخدام مصطلحات بهدف أن يشار إليهم بالمعرفة العميقة والثقافة الفنية الواسعة. قد تجد البعض يكثر من استخدام كلمات مثل (ديماغوجية، دوغماتية، يوتوبيا، براغماتية، دنكوشوتية، إلخ). وقد تراه يكثر من استخدام هذه المصطلحات ضمن حديثه عن الفن وخارجه، بداعٍ وبغيره. أود الإشارة هنا إلى أنني لا أحكم على مستخدمي هذه المصطلحات، ولكن المشكلة هنا هو تقديم المتفوه بها للمجتمع على أنه شخصٌ مثقفٌ دون النظر إلى مخزونه من العلم والثقافة والفن.

أذكر هنا قصة طريفة رواها الفنان موفق مخول -الشهير ببساطته وابتعاده عن التكاليف- على صفحته الشخصية على فيسبوك حيث كان مشاركاً في أحد المعارض الفنية، فقدمت إليه صحفية تسأله عن لوحته: "أستاذ موفق! هل يوجد في لوحتك بعداً استراتيجياً لقراءة المستقبل في اللوحة الحديثة مع الاحتفاظ بالأصالة والماضي وتكرار الذات في إعادة التكوين والتشكيل للوحة التي تحاكي التراث؟" اعتذر حينها الفنان موفق وطلب منها إعادة السؤال مرة أخرى لأنه لم يفهمه. فما كان منها إلا أن أجابته أنها نسيته وقامت بطرح سؤال آخر. هذا الموقف الكوميدي قد تراه حاضراً في عدة أماكن ولقاءات أخرى.

تعالوا نرى نتيجة التعلق بهذه المصطلحات الغريبة وما قد تتركه من أثر في نفس المتلقي فالبعض قد ينبهر بحضارة معينة إلى أن يصبح كالإسفنجة

يمتص كل المفرزات حسنة كانت أم سيئة، المهم أنه يرى أن أفعال هذه المجتمعات "الحضارية" هي الصحيحة وهي المقياس. ذكر جون ليندر في كتابه Music in ancient Greece and Rome ، أن إحدى الأسباب التي أدت بالمبتدئين من الموسيقيين الرومان إلى خسارة ثقتهم بأنفسهم هي اعتقادهم بأن الأجانب (اليونانيين بالتحديد) هم أفضل وأمهر منهم. هذه الحالة تسمى بعقدة الأجنبي Cultural cringe ، أو عقدة الخواجا(11) .

تعال يا صديقي أروي لك أيضاً قصة الكاتب أحمد رجب الذي كان مولعاً بالمقالب. حيث كان من أشد المعجبين بالمسرح الكلاسيكي، ولكن بالمقابل كان يعتقد أن ما يقدم من بعض المسرحيات الجديدة إنما هي نوع من أنواع العبث تحت اسم المسرح. فأراد في يوم من الأيام أن يثبت صحة وجهة نظره فقام بالتواصل مع مجلة الكواكب وقدم لها مسرحية وأخبرهم أن هذا النص هو مترجم عن الكاتب المسرحي العالمي دورينمات بعنوان (الهواء الأسود). طبعاً النص الذي قدمه كان ركيكاً ولا رابط بين شخصيات المسرحية حيث أن جميعها كانت تتلكم كلاماً غامضاً وغير مترابط ويحتمل التأويل. قامت حينها الجريدة بدعوة عدد من النقاد لقراءة ودراسة ذاك "النص العالمي". فما كانت النتيجة إلا أن أشادوا ببراعة وذكاء الكاتب وأن هذه المسرحية هي نقلة في عالم المسرح. تظهر المفاجأة في النهاية عندما يصرح أحمد رجب بأنه هو من ألف هذه المسرحية وأكد أيضاً بأنه لم يستغرق في كتابة نصها إلا أقل من ساعة زمن (12) .

يشير توفيق الحكيم في كتابه أدب الحياة إلى نفس القضية التي نتكلم عنها الآن. فيقول: فمن كان داؤه هو مركب النقص تخيل نفسه قزماً، تصور أدب بلاده كلها ألعاباً صبيانية، بالقياس إلى فكر الدول التي استعبدته، واعتقد

بسذاجةٍ أن وطنه لا يمكن أن تظهر فيه موهبة من المواهب وأن كل ما ينتج في بلاده التي يراها في مرحلة الطفولة لا بد أن يكون في هذا المستوى البدائي. هذا الرأي خاطئ، بل هو رأي مريض، ولقد تُرجمت لأدبائنا آثار نشرت في بلاد أجنبية استعمرتنا يوماً ما. وإني أتحدى من يستطيع أن يأتي لنا برأي أديب واحد له اعتباره الأدبي في بلاده تلك، وصف آثارنا بلفظ ((الصبيانية)) أو البدائية.. هذا الوصف لأعمالنا هو من صنع خيالنا نحن المريض المتهافت الذي يعكس ما يجسمه له مركب نقصه الناشئ عن رواسب احتلال أجنبي طويل الأمد، فينا مقارنات خفية بين العملاق والقزم، والرجل المسيطر، والطفل الخاضع(13) .

## ‹‹ هل أقوم بإخبار أو الأصدقاء عن مشاريعي الفنية القادمة؟

يعمد بعض الفنانين إلى إعلان ومشاركة أفكار أو مسودات المشاريع التي يعملون عليها بهدف تشويق المتابعين والحصول على الدعم المعنوي من الأصدقاء. السؤال هنا: هل هذا الأمر يخدم مشروعي الفني أم قد يجلب الضرر له بطريقة أو أخرى؟

إن مشاركة الفكرة بتفاصيلها مع الأصدقاء أو بشكل عام مع الجمهور قد يقابلها محاولات من استهزاء وانتقاص مما يؤدي إلى فتور همة الفنان وتقاعسه عن تنفيذ العمل وإخراجه إلى النور. أو قد يعرض الفكرة للسرقة الأدبية وتنفيذها من قبل مؤسسات أو أفراد. وكم من أفكار إبداعية خسرها أصحابها بعد أن شاركوها مع وسطهم المحيط. لا أنكر هنا أنّ مشاركة الفكرة مع الأشخاص الثقات قد تعطي نتيجة إيجابية ترفع بها من همة الفنان.

من ناحية أخرى قامت جامعة نيويورك بإجراء دراسة في عام 2009 أرادت من خلالها أن تجد فيما إذا كان مشاركة الأهداف مع الأصدقاء هو أمر يساعد على تحقيقها أم لا. شارك في هذه الدراسة 49 طالب، وتم تقسيمهم ضمن مجموعتين. قامت المجموعة الأولى بالإفصاح عن أهدافها التي ستقوم بالعمل عليها. أما المجموعة الثانية فلم تخبر البقية عما تنوي تحضيره. وبعد مرور أسبوع قام الدكتور المشرف بيتير غولويتزر بالاطلاع على إنجاز كل من المجموعتين ليجد أن المجموعة التي صرحت عن أهدافها قصرت في عملها ولم تحقق النتائج المرجوة في حين أن المجموعة الثانية التي لم تصرح عن أهدافها استطاعت تحقيق ما أرادته.

يعتقد الدكتور غولويتزر وفريقه البحثي أن الإفصاح عن الأهداف ومشاركتها مع الأصدقاء قد يلقي في النفس شعوراً بأن هذا المشروع قد اكتمل (وحتى لو لم يبدأ) حيث أنَّ كلمات التشجيع التي يتلقاها المرء من أصدقاءه قد توهن شعوره نوعاً ما تجاه إكمال مشروعه. (14)

## ‹‹ ماهي بشريات العمل الفني الناجح؟

هذا واحد من الأسئلة الهامة الذي يعود بنا إلى السؤال الأول الذي انطلقنا منه برحلتنا في هذا الكتاب ألا وهو "ما هو هدفك"؟ ولكن لا مانع أيضاً من طرح بعض الأسئلة الإضافية التي قد تساعدك في تحديد ما إذا كان عملك ناجحاً أم ما زال بحاجة إلى تطوير.

1. هل أدى عملك الفني وظيفته؟

2. هل ساعد تصميمك على حل مشكلة ما؟

3. هل سبب عملك الفني إساءة لمجموعة دينية أو عرقية ما؟

4. هل عملك الفني يدعوللإساءة إلى فئة مستضعفة من المجتمع؟

5. هل استضافتك في إحدى القنوات التلفزيونية أو الإذاعات يضيف قيمة فنية لعملك أو لشخصك؟

6. هل الشهرة المترتبة على هذا العمل هي دليل على النجاح؟

7. هل ثناء الجمهور هو من يحدد جودة عملك؟

هذه الأسئلة وغيرها هي مفاتيح تستخدم للمساعدة على تشكيل فكرة ومعنى النجاح في عقل الفنان. تذكر أخيراً يا صديقي أنه ليس بالضرورة أن يكون عدد الإعجابات والمشاهدات الكبير هو دليل نجاح عملك الفني.

70

**‹‹ هل من نقاط سريعة نختم بها هذا الفصل الأخير من الكتاب؟**

✔ سأبدأ من نقطة هامة، وسأعاود ذكرها في النقطة الأخيرة. ألا وهي إن قام أحد الأشخاص بطلب تصميم أو أي عمل فني آخر منك، فلا تباشر العمل ولا تمسك الماوس قبل أن تحصل على دفعة أولية Down payment وهي تقريباً من 50% وحتى 75% وإن استطعت أن تجعل عقداً بينك وبين العميل فافعل (يوجد العديد من نماذج العقود المتوفرة على الإنترنت). فالعديد من المصممين يتعرضون منذ سنوات طويلة وحتى اليوم إلى عمليات نصب مشابهة، فيقوم صاحب العمل بطلب تصميم معين منهم ويخبرهم أنه سيقوم بإيفائهم حقوقهم فور حصوله على العمل الفني أو التصميم. وحينما يحصل عليه، يتحول العميل إلى سرابٍ ويختفي أثره. أو قد يستعمل لغة التهديد ضد المصمم المسكين. قد يسأل السائل، لكن أخشى إن طلبت دفعة أولية أن يؤدي ذلك لانزعاج العميل وبالتالي رفض العمل معي. الجواب هنا بسيط: "خسارة هذه الأنواع من العملاء التي تحترف النصب والاحتيال هي من أكبر المكاسب التي يمكن أن يحققها المصمم". المقصد هنا، العميل الذي يبيت نية سرقة جهد المصمم سيرفض منذ البداية أن يقدم دفعة أولية. أما العملاء الصادقين فيعلمون أن هذا هو العرف ويبدون احتراماً له.

✔ بناء الخبرة المهنية ليس مشروطاً بمرحلة ما بعد التخرج، قد يبدأ الطالب بالحصول على الخبرة العملية في التصميم وهو في سنته الأولى أو الثانية.

✔ لا تخجل من قول لا! ليس من العيب أن ترفض من قد يستغل لطافتك ومهاراتك التقنية بحيث يقوم بإغراقك بطلبات مزعجة تخص التصميم وكل ذلك دون مقابل. لا أقول بأن تمتنع عن مساعدة من يستحق، فالعطاء دون مقابل دليل على نبل الإنسان. لكن يجب التفريق بين من يطلب مساعدتنا لأنه بحاجة لها وبين من يستغلنا كي يحصل على هذه الخدمة بشكل مجاني.

✔ لا تخجل بأن ترشد بعض الأشخاص -والذين قد يكونوا سبب إزعاج لك بكثرة طلباتهم- إلى بعض المواقع المؤتمتة والتي تقدم نماذج جاهزة من التصميم بحيث يمكن للشخص غير المختص التعديل عليها.

✔ لا يتوجب على المصمم أو الفنان أن يعيش حياة ناجحة مثالية لا تشوبها شائبة، فمن الممكن أن تنجح بعض أعمالنا الفنية وأن تحقق شهرة وأن تفوز بمسابقات. ومن الممكن أيضاً أن تفشل الأعمال التي تليها، فلا تلقى أصداء إيجابية ولا قبول عند المتلقي. هذا أمر طبيعي يا صديقي، المهم أن تكمل طريقك وأذكر هنا إحدى الحكم اليابانية الجميلة: "اسقط سبع مرات، وانهض الثامنة ."

✔ كنت أطمئن على أحد المصممين المخضرمين بعد أن اضطر للخضوع لعمل جراحي لاستئصال عينه بسبب قضاءه لساعات طويلة وتعرضه لأشعة شاشة الحاسوب. قال لي حينها، انتبه يا أخي من أن تجلس لساعات طويلة أمام شاشة الحاسوب وتدقق في كل بيكسل أمامك.

حافظ على عينيك واتبع إجراءات السلامة. ويمكن تطبيق بعض هذه الإجراءات لحماية العين .

- قاعدة 20/20/20: وهي أن تقضي 20 دقيقة من النظر إلى شاشة الكومبيوتر ثم تتبعها بـ 20 ثانية استراحة تنظر من خلالها إلى شيء يبعد عنك 20 قدماً (أي ما يقارب الستة أمتار).
- حاول العمل في أماكن إضاءة سليمة (ليست شديدة الإضاءة ولا معتمة).
- قم بإجراء فحص دوري لعينيك عند الطبيب.
- بعد استشارة طبيبك قم باستخدام النظارات التي تعكس اللون الأزرق والمسماة بـ Anti-reflective coating glasses .

✔ إن استطعت قم بجعل السيد Google صديقاً لك وقم بسؤاله عن جميع الأسئلة التقنية التي قد تحتاجها، وذلك قبل أن تطرح سؤالك على أحدهم. أود التأكيد هنا على أن طرح الأسئلة هو أمر مستحسن ولطيف، ولكن بذل المجهود في البحث عن الإجابة قبل السؤال قد يكون أمرا ألطف. عملية البحث قبل السؤال تجعل منك سائلاً متنوراً، وقد تكون جاهزاً لتقييم الإجابة التي ستسمعها قبل الأخذ بها(15) .

✔ لا تركن إلى كرسيك، اجعل من المشي عادة لك.

✔ سنّة الكون تخبرنا بأن دوران الكرة الأرضية لا يتوقف على وجود شخص أو غيابه، فمثلاً إن استبدال موظف في الشركة لهو أمر ممكن مهما بلغت براعته واحترافيته. فأعط لصحتك النفسية حقها في الرعاية والاهتمام.

✔ قم بقراءة عقد العمل بشكل دقيق قبل القيام بالتوقيع، ولا مانع من مشاركة نص العقد مع شخص ذو خبرة تثق برأيه فقد يشير لك إلى بعض النقاط التي يتوجب عليك أن تأخذ حذرك منها.

✔ حاول الحصول على نقد لأعمالك أو Portfolio بشكل دوري من أشخاص مختلفين، ولا تركن دائماً إلى آراء أصدقائك ولو كانوا فنانين فبعض أصدقاءك اللطفاء قد يخجلون من توجيه نقد حاد إلى أعمالك.

✔ تمرد الفنان على مجتمعه يتطلب جرأة، أما محاولة إصلاح الفنان لمجتمعه يتطلب شجاعة.

✔ خسارة الملفات من على الحاسوب سبب ألماً لكثير من الفنانين، لا تنس إجراء نسخ احتياطية لكل ما تفعله، ولو اضطررت لعمل ذلك بشكل أسبوعي.

✔ التطوع أمر نبيل، ولكن اختر المكان المناسب للتطوع فبعض الجمعيات تتعامل مع المصممين المتطوعين على أنهم موظفين دون أجور وتقوم بإرهاقهم بطلبات مزعجة. إذا تعرضت لهذا الأمر فقم بالانتقال لجمعية أخرى، فالهدف في النهاية واحد وتقديم المعونة وعمل الخير ليس محصوراً في جهة واحدة .

✔ إن استطعت ألا تترك عملك الحالي قبل أن تجد عملاً آخر فافعل.

✓ الأعمال القديمة والمسودات إنما هي جزء من الذاكرة وكنز ثمين، بحيث يمكنك مقارنته بأعمالك الحالية التي تنتجها بشكل مستمر. أبقِ عليها ما استطعت ولا تقم بحذفها وحتى لو لم تعجبك.

✓ كن واضحاً مع عميلك منذ البداية وكن محدداً فيما يخص مواعيد التسليم والتكلفة وتذكر أن بداية كل مشكلة هو "اعمل الآن وسنتفق على الأجر لاحقاً، لا مشكلة."

✓ ضع مفكرة بجانب سريرك، فالمبدعين تزورهم أفكارٌ ملهمة وتلقي عليهم ظلالها قبل النوم، وقد يودون كتابتها فوراً لكن النعاس قد يكون هو سيد اللحظة في ذاك الوقت.

✓ جرب أن تستيقظ في الصباح الباكر وتنجز أعمالك عوضاً عن المساء. قم بتجربة هذا الأمر لمدة شهر واحد على الأقل.

✓ لا تقارن نفسك بغيرك، ولا تقارن عملك الفني الذي قمت بإنجازه بشكل فردي بعمل فني قام بتنفيذه إحدى الأستوديوهات أو الوكالات الإعلانية الضخمة .

✓ أغلب المصممين قد يعملون بشكل مستقلFreelancing ، بالإضافة إلى عملهم الرئيسي وذلك رغبة منهم في الحصول على دخل إضافي. لذلك قد يلجأ بعض أصحاب الشركات الصغيرة إلى إجبار المصممين الجدد الذين بدأوا العمل معهم على التوقيع على سندات أمانة بمبالغ ضخمة بغرض إلزامهم بعدم التعامل مع عملاء آخرين أو عملاء الشركة

نفسها خارج إطار الشركة. بالمختصر، هذا فخ كبير. لا توقع على مثل هكذا مستندات كي لا تضع نفسك في ورطة أنت في غنى عنها.

✔️ إن كنت تخطط للسفر مستقبلاً، فقم بالاطلاع على وظائف المصممين في ذاك البلد، وحاول قراءة التوصيف الوظيفي Job Description بشكل تفصيلي حتى تعلم ما هي الخبرات المطلوبة للوظيفة في تلك المدينة. فالخبرات المطلوبة قد تختلف بين بلد وأخرى.

✔️ الفروقات بين المصممين قد تكون مشابهة للفروقات بين السيارة ذات المحرك الرياضي الذي تم تطويره والاعتناء بصيانته على مدى سنوات وبين سيارة ذات محرك ضعيف مركونة في الكراج. الاعتناء بالتفاصيل وتعلم التقنيات الجديدة وأساليب التواصل هي جميعها عبارة عن مهارات يجب تنميتها وتطويرها باستمرار.

✔️ قم بتحدي نفسك بشكل مستمر من خلال تعلم برنامج تصميم جديد أو مهارة أو لغة جديدة.

✔️ استثمر وقتك بتعلم اللغة الإنجليزية، فهي مفتاح هام لفرص مهنية وأكاديمية.

✔️ لا تدع محيطك الجغرافي يصد عنك أبواب المعرفة. فيمكنك التطوع مع منظمات غير حكومية وجمعيات خيرية موثوقة وكل ذلك يمكن إنجازه عن بعد. فهنالك مواقع عديدة تنشر فرص تطوعية للمصممين-عن-بعد- يمكن من خلالها اكتساب خبرة هامة. ونصيحتي هنا بأن تقوم

بإجراء بحث عن الجمعية ومعرفة ما إذا كانت أنشطتها غير محظورة في البلد الذي تقيم به كي لا تكون سبباً لمشاكل قانونية أنت بغنى عنها.

✓ تعلم عن جمهورك واقرأ عن ثقافة البلد الذي توجه إليه فنك.

✓ انتق أعمالك ومشاريعك بحكمة، فهي ستكون متاحة خلال حياتك وبعدها، فاختر لأرشيفك الفني ما يسرك أن يراه أولادك وأحفادك من بعدك .

✓ إن طلب قطعة حلوى من البائع بقصد التذوق قبل الشراء هو أمر متعارف عليه، فهذه طريقة لمعرفة جودة المنتج الغذائي. أما المصمم فلا ينبغي عليه تقديم نماذج مجانية على مبدأ "قدم لي نموذجاً مجانياً، فإن أعجبني فسأقوم بتسديد المبلغ المستحق". تذكّر! أنت لا تبيع الحلوى.

✓ هل تذكرون النقطة الأولى؟ أرجوكم لا تقوموا بمباشرة عملكم دون أن تحصلوا على دفعة أولية Down payment.

—— وفي الختام ——

شكراً لكل فنان لطيف شاركني رحلة الكتاب هذه، راجياً لكم تجارب أكاديمية ومهنية في بحور الفنون الجميلة خاليةً مما قد يعكر صفو نفوسكم ومن أي أذىً قد يقترب من قلوبكم.

| # | قائمة المراجع |
| --- | --- |
| 1 | كلود عبيد: الفن التشكيلي نقد الإبداع وإبداع النقد، الناشر: دار الفكر اللبناني للنشر والطباعة والتوزيع، ط1، 2005، ص144. |
| 2 | Mccarthy ،K. (2016 ،October 6). Man Scores 10 Interviews With Resume Delivered in a Box of Doughnuts. ABC News. Retrieved June 3 ،2022 ،from https://abcnews.go.com/Business/man-scores-10-interviews-resume-delivered-box-doughnuts/story?id=42609704 |
| 3 | Reger ،A. (2021 ،December 6). *How many applications does it take to get a job?* Hirelehigh. Retrieved June 3 ،2022 ،from https://www.hirelehigh.com/post/how-many-applications-does-it-take-to-get-a-job |
| 4 | Ruhl ،C. (2020 ،July 1). *Implicit or Unconscious Bias*. Implicit Bias is a type of Unconscious Bias \| Simply Psychology. Retrieved June 3 ،2022 ،from https://www.simplypsychology.org/implicit-bias.html#:~:text=Implicit%20bias%20(also%20called%20unconscious،Greenwald%20%26%20Krieger%2C%202006). |
| 5 | Cameron ،C. (2020). *All or Nothing: Tottenham Hotspur*. Retrieved from https://www.amazon.com/All-or Nothing-Tottenham-Hotspur/dp/B08G1YFFZ4. |
| 6 | علي الطنطاوي: ذكريات الطنطاوي1، الناشر: دار المنارة، ط1، 1985، ص321. جدة، السعودية |
| 7 | مصطفى محمود: الإسلام ما هو، القاهرة، مصر. الناشر: أخبار اليوم،1979، ص114 |
| 8 | إيليا أبو ماضي: ديوان أبي ماضي. بيروت، لبنان، الناشر: دار العودة، 1918، ص.291 |

9    د. أحمد خالد توفيق: الآن.. نرجوكم الصمت، القاهرة، مصر. الناشر: المؤسسة العربية الحديثة، ص80

10    Attali ،D. ،& Théate ،B. (2012 ،February 20). *Spielberg : "j'aurais Aimé Débuter Aujourd'hui"*. lejdd.fr. Retrieved June 16 ، ،2022from https://www.lejdd.fr/Culture/Speilberg-revient-sur-sa-carriere-interview-488138-3224003

11    Landels ،J. G. (1999). Music ،words and rhythm. In MUSIC IN ANCIENT GREECE AND ROME (pp. 119–119). essay ، Routledge.

12    بهجت محمد. (2014 ،December 16). الأهرام. Retrieved 2014، from https://gate.ahram.org.eg/daily/News/41307/124/326081/ %D9%85%D8%B3%D8%B1%D8%AD/%C2%AB%D8%A7%D9 %84%D9%87%D9%88%D8%A7%D8%A1- %D8%A7%D9%84%D8%A3%D8%B3%D9%88%D8%AF%C2% BB-%D9%85%D9%82%D9%84%D8%A8- %D8%A3%D8%AD%D9%85%D8%AF- %D8%B1%D8%AC%D8%A8- %D9%84%D8%B9%D8%B4%D8%A7%D9%82- %D9%85%D8%B3%D8%B1%D8%AD- %D8%A7%D9%84%D8%B9%D8%A8%D8%AB.aspx

13    توفيق الحكيم: أدب الحياة، الناشر: دار الشروق،2006، ص64

14    Chu ،M. (2017 ،August 8). *Research reveals that publicly announcing your goals makes you less likely to achieve them*. Inc.com. Retrieved July 10 ،2022 ،from https://www.inc.com/melissa-chu/announcing-your-goals-makes-you-less-likely-to-ach.html

15    How to protect your eyes from a computer screen: Digital Eye Strains. How To Protect Your Eyes from a Computer Screen Comments. (2021، July 16). Retrieved July 2، 2022، from https://www.clevelandeyeclinic.com/2021/07/16/how-to-protect-your-eyes-from-a-computer-screen/